The Blue Book on the Development of SMBs
in China(2013-2014)

2013-2014年中国中小企业发展

蓝皮书

中国电子信息产业发展研究院　编　著

主　编／　张春生
副主编／　牟淑慧

人民出版社

责任编辑：邵永忠

图书在版编目（CIP）数据

2013～2014年中国中小企业发展蓝皮书 / 中国电子信息产业发展研究院 编著；
张春生 主编 . —— 北京：人民出版社，2014.6

ISBN 978-7-01-013219-8

Ⅰ . ① 2⋯ Ⅱ . ①中⋯ ②张⋯ Ⅲ . ①中小企业－企业发展－
白皮书－中国－ 2013 ～ 2014 Ⅳ . ① F279.243

中国版本图书馆 CIP 数据核字（2014）第 036880 号

2013-2014年中国中小企业发展蓝皮书
2013-2014NIAN ZHONGGUO ZHONGXIAOQIYE FAZHAN LANPISHU

中国电子信息产业发展研究院　编著

张春生　主编

人民出版社 出版发行

（100706　北京市东城区隆福寺街 99 号）

北京艺辉印刷有限公司印刷　新华书店经销

2014 年 6 月第 1 版　2014 年 6 月第 1 次印刷

开本：787 毫米 ×1092 毫米　16 开　印张：13.75

字数：230 千字

ISBN 978-7-01-013219-8　定价：48.00 元

邮购地址　100706　北京市东城区隆福寺街 99 号

人民东方图书销售中心　电话（010）65250042　65289539

代　序

以改革创新精神奋力开创新型工业化发展新局面
——中国工业和信息化发展系列蓝皮书

近年来，在党中央、国务院的正确领导下，经过全行业的共同努力，我国工业和信息化保持持续健康发展。工业经济总体规模持续扩大，综合实力明显增强，产业结构调整取得新进展，企业创新能力不断提升，信息化和工业化融合深入推进。工业和信息化发展有力地带动了国内其他产业的创新发展，在促进国民经济增长、调整优化经济结构、扩大城乡就业以及改善人民生活质量等方面发挥了巨大作用，推动了我国工业化、信息化、城镇化、农业现代化进程。

当前，我国工业和信息化发展已经进入到新阶段，国内外环境正在发生广泛而深刻的变化，既有难得的机遇和有利条件，也面临着诸多可以预见和难以预见的困难、风险和挑战。去年底的中央经济工作会议和今年的全国"两会"，对今年经济工作作出了全面部署，强调要坚持稳中求进工作总基调，把改革创新贯穿于经济社会发展各个领域各个环节，切实提高经济发展质量和效益，促进经济持续健康发展、社会和谐稳定。工业和信息化系统要认真学习、深刻领会和全面贯彻落实党中央、国务院决策部署，紧紧围绕"稳中求进、改革创新"的核心要求，着力激发市场主体活力，着力强化创新驱动，着力推进两化深度融合，不断在转型升级、提质增效上迈出新步伐，努力保持工业和信息化持续健康发展，奋力开创新型工业化事业发展新局面。

一是要以深化改革激发市场活力。按照中央部署要求，以使市场在资源配置中起决定性作用和更好发挥政府作用为核心，处理好政府与市场的关系，积极推进重点领域和关键环节改革取得实质性进展，释放改革红利，激发市场主体活力。

当前的重点，是要加快深化行政审批制度改革，转变政府职能，创新管理方式，鼓励引导民间资本进一步进入电信、军工等领域，推动清理和废除对非公有制经济各种形式的不合理规定。同时，认真履行行业管理职责，积极主动作为，及时反映行业、企业情况和诉求，协调推进国有企业、财税、金融、资源性产品价格等领域改革，强化产业对外合作，推动制造业扩大对外开放。要注重加强组织领导，加强调查研究，加强督促检查，严格落实责任，细化完善方案和措施，确保工业和信息化领域改革开好局、起好步。

二是要以扩大内需增强发展内生动力。坚持把优化供给和培育需求结合起来，扩大消费需求，改善供给质量，优化投资结构，使工业发展建立在内需持续扩大的基础上。要着力提高工业产品供给水平，加强质量品牌建设，优化工业产品供给，满足居民对大宗耐用消费品及新兴消费领域产品的需求。要大力培育发展信息消费，支持 4G 加快发展，全面推进三网融合，鼓励移动互联网新技术新业务发展，加快移动智能终端、智能电视、北斗导航终端、智能语音软件研发应用和电子商务发展，抓好信息消费试点市和智慧城市试点。高度重视解决小微企业发展面临的困难和问题，狠抓政策完善和落实，切实减轻企业负担，进一步激发民间投资活力。同时，充分利用"两个市场、两种资源"，落实好各项政策，巩固和扩大国际市场份额，积极开拓海外市场

三是要以调整优化结构提升发展质量和效益。坚持进退并举、有保有压，加快调整产业结构，提升产业素质和竞争优势。改造提升传统产业方面，要加强企业技术改造，提高并严格执行能耗、环保和安全等行业准入标准，着力化解产能严重过剩矛盾，加快淘汰落后产能，推进企业兼并重组，强化工业节能减排，加快航空、卫星及应用、轨道交通、海洋工程、智能制造等领域重大技术装备研制和技术开发。发展壮大战略性新兴产业方面，要推动健全完善体制机制，着力突破关键核心技术，强化市场培育，在新一代移动通信、集成电路、物联网、大数据、先进制造、新材料等方面赶超先进，引领未来产业发展。同时，要大力促进制造业与服务业融合发展，开展制造业服务化试点示范，加快发展工业设计、现代物流、信息技术服务等面向工业的生产性服务业。

四是要以创新驱动提升产业核心竞争力。坚持把创新驱动作为新型工业化发展的原动力，紧紧抓住增强自主创新这个关键环节，协调推进科技体制改革，促

进科技与经济紧密结合,推动我国工业向全球价值链高端跃升。当前,要加快健全技术创新市场导向机制,强化企业创新主体地位,落实促进企业创新的财税政策,推动扩大研发费用加计扣除范围,研究实施设备加速折旧政策,改进财政补助方式,鼓励企业设立研发机构,推动建设企业主导的产业创新联盟。要依托国家科技重大专项、重大创新发展工程和应用示范工程,结合实施工业强基工程,加大技术攻关力度,力争在信息技术、智能制造、节能环保、节能与新能源汽车等领域,突破一批重大关键核心技术和共性技术,推进科技成果转化和产业化,加快新技术新产品新工艺研发应用,抢占产业发展制高点。

五是要以两化深度融合提升发展层次和水平。适应新科技革命和产业变革趋势和要求,积极营造良好环境,汇聚政策资源,激发企业行业内在动力,促进信息网络技术广泛深入应用。要尽快建立和推广企业两化融合管理体系标准,发布两化融合管理体系基本要求和实施指南,选择部分企业开展贯标试点。要促进信息技术与制造业融合创新,推进智能制造生产模式的集成应用,开发工业机器人等智能基础制造装备和成套装备,推进智能装备、工业软件在石化、机械加工等行业示范应用。要加强重点领域智能监测监管体系建设,提高重点高危行业安全生产水平、重点行业能源利用智能化水平。同时,要加快信息网络基础设施建设,全面落实"宽带中国"战略,大力发展信息技术产业,切实维护网络与信息安全,为两化融合提供有力支撑和保障。

推进工业和信息化转型升级、提质增效、科学发展,既是当前紧迫性的中心工作,也是长期性艰巨任务。工业和信息化系统要更加紧密地团结在以习近平同志为总书记的党中央周围,坚持走新型工业化道路,以改革创新精神,求真务实,开拓进取,狠抓落实,不断以良好成效在建设工业强国征程中迈出坚定步伐,为全面建成小康社会、实现中华民族伟大复兴中国梦做出新的更大贡献。

工业和信息化部部长　苗圩

2014 年 5 月 4 日

前　言

　　经过多年的发展，我国中小企业的经济主体地位日益突出，在促进国民经济发展、激发市场活力、扩大商品出口、推动科技创新、吸纳社会就业、维护社会稳定等方面发挥着越来越大的作用。

　　总体来看，2013年，我国中小企业依然面临着较为严峻的局面，国内经济增长放缓、国际市场收缩、经营成本持续上升、融资难融资贵等一系列问题依然困扰着中小企业发展，中小企业尤其是小微企业经营压力依旧，部分中小企业处于经营困境。新老问题并存的局面下，环境压力和经营困境倒逼中小企业转型升级，摈弃以往粗放发展方式，新构建以创新驱动，以质量、效率和效益为核心的内生发展动力是中小企业的发展方向。

　　基于对中小企业健康发展重要意义的认识，社会各界对中小企业发展给予了高度关注。尤其是近年来，为了应对复杂的国内外环境的挑战，推动中国经济调结构、促转型、稳增长，国家采取了多种举措扶持鼓励中小企业发展。继2012年中小企业服务年之后，2013年国家开展了小微企业专项行动，在财税政策、金融政策方面大力支持中小企业发展，在围绕快速通关措施的外贸便利化方面、营改增为核心的降低税费方面、构建公共服务平台为核心的完善服务方面等一系列举措不断推出，中小企业发展环境日益优化。

　　基于对中国中小企业发展比较全面的总结和分析，赛迪智库中小企业研究所编辑撰写了《2013—2014年中国中小企业发展蓝皮书》。全书共分十五章，第一部分是综述篇，第一章、第二章和第三章从总括的角度分别论述了中小企业发展的国内外背景、中小企业发展的现状，剖析了中小企业发展面临的问题。第二部分是专题篇，包括第四章到第八章，内容涵盖中小企业政策性金融专题，中小企业知识产权专题，创业型、创新型、劳动密集型中小企业发展专题，中小企业服务组织专题、中小企业创业专题。第三部分是政策篇，包括第九章和第十章，内容涵盖 2013 年促进中小企业发展的政策环境、2013 年我国中小企业发展重点政策解析。第四部分是热点篇，包括第十一章和第十二章，分别就国内和国际热点事件进行了评述。第五部分是展望篇，涵盖第十三、十四、十五章，包含 2014 年国内外经济环境展望、2014 年我国中小企业发展政策趋势展望、2014 年中小企业发展态势展望。

　　本书旨在对中小企业发展状况进行一个较为系统的总结和分析，力图为读者提供一个中小企业发展的全景展示，以期为相关决策部门和研究报告参考。

工业和信息化部中小企业司司长　郑昕

2014 年 4 月

目　录

综 述 篇

专 题 篇

政　策　篇

热　点　篇

展 望 篇

综 述 篇

第一章 2013年中小企业发展背景

一、国际背景

（一）世界经济复苏缓慢制约外需市场

2013 年，全球经济尚未在金融危机影响下恢复，增长缓慢，整体环境不容乐观。作为世界主要消费市场的美国经济复苏进程反复，欧洲主权债务危机尚未完全消除，欧美各国的财政紧缩政策导致总需求受到抑制，新兴市场尚未成熟，极大地制约了全球市场的增长空间，全球贸易持续低迷。据世贸组织（WTO）预计，2013 年世界货物贸易量增长 3.3%，低于过去 20 年 5.3% 的平均水平。其中，发达经济体出口和进口均增长 1.4%，发展中国家出口增长 5.3%，进口增长 5.9%。[1]

表 1-1 2011—2014 世界经济增长形式（%）

	2011	2012	2013	2014
世界经济	4.0	3.2	3.3	4.0
发达国家	1.6	1.2	1.2	2.2
美国	1.8	2.2	1.9	3.0
欧元区	1.4	−0.6	−0.3	1.1
日本	−0.6	2.0	1.6	1.4
新兴市场和发展中国家	6.4	5.1	5.3	5.7

注：2013 年和 2014 年数据为预测值。
资料来源：IMF，《世界经济展望》2013 年 4 月。

以美国为例，虽然近年来在开发页岩气、制造业回归等一系列战略下经济有所回升，但是美国财政悬崖问题一直没有得到根本解决。2013 年 10 月 1 日，美

---

[1] 商务部《中国对外贸易形势报告（2013 年春季）》。

国历史上第三次因为政府债务上限问题而导致政府"关门"，据估测，每次政府"关门"都将导致美国经济增长率0.1%—0.3%的损失。每次债务上限提高都将演化成新一轮民主党和共和党的政治争斗。由于通过减少开支还是通过加税来平衡公共财政方面，两党观点难以达成一致，导致美国国债评级存在下调的可能，由此随时可能引起的新一轮经济波动。2013年，影响世界经济增长的众多因素中，欧元区经济复苏乏力是最大的风险因素。继意大利、希腊之后，西班牙等国也面临爆发主权债务危机的风险，同时，英国持续威胁退出欧盟，也为欧债危机的解决投下了阴影。欧债危机严重影响了全球资本市场的稳定，使得中国企业海外投资面临较高风险。

同时，发达国家日益严重的贸易保护主义以及来自新兴市场国家的竞争冲击抑制了我国的传统出口优势，中小企业出口面临国际市场收缩的严峻局面。全球四大会计师事务所之一的安永会计师事务所董事长兼首席执行官詹姆斯·特利认为，2013年以来，多种形式的"保护主义"都有抬头的迹象，而且存在爆发"贸易战"、"监管战"、"货币战"的可能，这些风险给我国中小企业实施"走出去"战略增加了变数。

（二）人民币持续升值冲击中小企业出口

人民币持续升值，对中小企业出口造成了冲击。人民币对美元汇率处于长期升值通道中，据中国货币交易中心授权公布，2013年12月31日人民币兑美元中间价报6.0969，大涨55个基点，升破30日高点6.1024。至此，人民币汇率中间价已经连续三个交易日刷新汇改新高，2013年全年共累计41次创新高。在我国财政赤字已经扩大、货币政策调整空间有限等不利的国内经济条件下，人民币升值会严重制约中国出口增长，对于中小企业、尤其是外向型、劳动密集型中小企业的发展无疑影响巨大。

表1—2 2013年1—12月份美元兑人民币汇率

2013/01	6.28
2013/02	6.28
2013/03	6.27
2013/04	6.25
2013/05	6.2
2013/06	6.17
2013/07	6.17

3

（续表）

2013/08	6.17
2013/09	6.16
2013/10	6.14
2013/11	6.14
2013/12	6.12

数据来源：国家统计局。

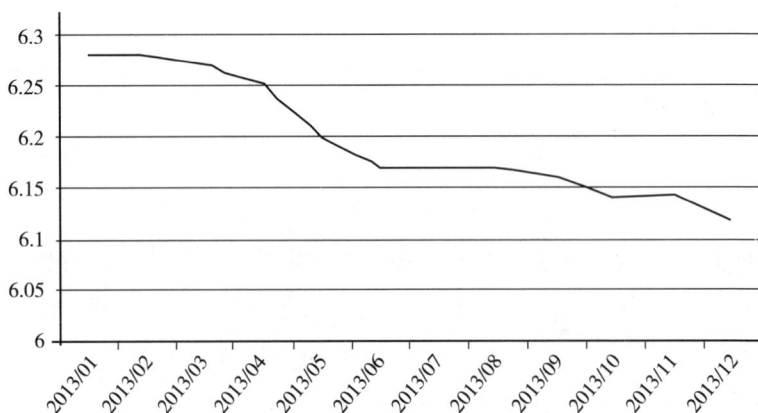

图1-1　2013年人民币汇率走势图

数据来源：国家统计局。

2013 年上半年，中国外贸数据表现一直较为低迷，6 月当月甚至一度出现了进出口"双降"的情况。进入第四季度以来，由于发达国家经济形势好转，节日订单需求增加，促进外贸政策显效，出口回升态势明显，其中 11 月份出口增长 12.7%，单月出口值创历史新高。据海关统计，2013 年，我国进出口增长基本保持稳定，1—11 月，进出口同比增长 7.7%。出口方面，1—11 月同比增长 8.3%，与 2012 年同期持平。进口方面，1—11 月由于我国经济的逐步企稳回升以及大宗初级产品价格的明显上行，第三季度我国进口增速回升至 8.5%，较第二季度提高了 3.5 个百分点，第四季度在改革红利释放、国内需求企稳的推动下，进口继续保持反弹走势。

表1-3　2013 年 1—11 月我国外贸出口额同比增长情况

时　间	出口额（当月同比）
2013/01	24.97
2013/02	21.77

（续表）

时　　间	出口额（当月同比）
2013/03	9.99
2013/04	14.62
2013/05	0.93
2013/06	−3.09
2013/07	5.12
2013/08	7.16
2013/09	−0.27
2013/10	5.63
2013/11	12.75

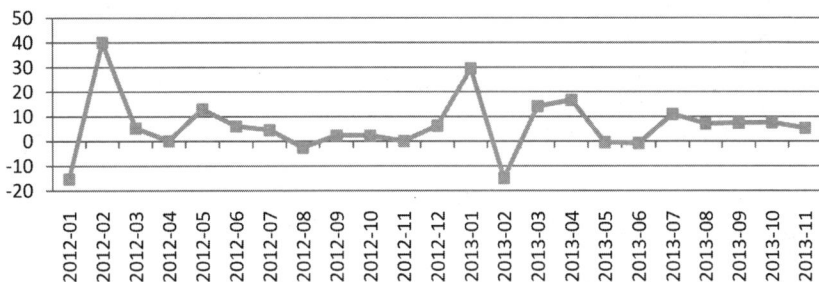

图1-2　中国出口金额当月同比状况

资料来源：wind 数据库。

（三）美欧日量化宽松政策加大国内通胀压力

　　为了走出国际金融危机泥沼，刺激本国经济，美国、欧洲、日本等世界主要经济体纷纷推出宽松的货币政策，2013 年各国基本延续了这一政策脉络。在英国央行一直实行低利率和量化宽松的扩张性货币政策刺激下，2013 年第一季度，英国经济实现 0.3% 的正增长，第二季度增长 0.7%，经合组织 9 月初将 2013 年英国经济增长预期由 0.8% 上调至 1.5%。[1]虽然英国经济各项指标已经出现好转，但英国央行依然维持了宽松的货币政策。同样，继 QE1、QE2 之后，2013 年，美国延续了 2011 年 9 月推出的 QE3 量化宽松政策，2013 年 9 月，美联储的货币政策会议并没有按照此前所宣称的采取措施逐步退出宽松货币政策，而是继续维持目标利率在 0% 到 0.25% 不变，每个月购买 850 亿美元债券的资产采购项目的

---

[1]　数据来源于《经济参考报》2013年9月26日。

宽松政策。这种超出各界预期的决策行为，反映了美国政府对未来经济前景的不确定情况下，对于退出量化宽松政策的犹豫不决。虽然稍后的 12 月美联储宣布将于 2014 年 1 月开始每月削减 100 亿美元的 QE 额度，但有限的削减幅度也反映出其谨慎的态度。相对于美国退出宽松政策的犹豫态度，日本政府则坚定不移地继续实施其货币宽松政策。从 2000 年到 2006 年，日本央行就已经开创了世界上第一个使用非常货币政策（量化宽松）刺激经济的先例，2010 年 10 月开始，日本央行又开始实施新的综合性量化宽松货币政策。到 2011 年，基于国内地震海啸、福岛核泄漏事故以及国际欧债危机的冲击，日本政府更加倚重量化宽松政策，推行所谓"安倍经济学"，从 2013 年 4 月开始采取更加激进的货币政策，宽松货币政策进入一个数量和质量并重的时期。

2013 年，世界各主要经济体的宽松货币政策为中国经济带来了重要影响。首先是全球流动性泛滥，为中国带来输入性通货膨胀压力。对于资源进口大国的中国来说经营成本不断被推高。其次是逼迫人民币升值，冲击中小企业出口。人民币对美元和日元持续升值使得出口企业步履维艰。再次，国外热钱持续流入，加大了国内金融体系的压力。据相关部门测算，美国量化宽松政策带来的货币增量约有三分之一流进了中国，大幅推高了国内资产价格，使得国内资产面临巨大的泡沫压力，给中国经济的稳定性带来了压力。

（四）大宗商品高位震荡考验企业生产成本

2013 年，世界主要经济体的量化宽松政策，导致全球流动性泛滥，由于这些国家的货币均为国际货币，伴随流动性泛滥的是以国际货币计价的国际大宗商品价格连续处于高位，拉高了国内企业的经营成本。虽然 2011 年以来，国际大宗商品市场开始了去泡沫化进程，但是表现方式是价格缓慢回落，目前依然处于高位震荡的状态。以黄金、石油为代表的强势品种依然处于历史相对高位，制造业所面临的原料高成本压力并没有彻底缓解。未来美国货币政策继续宽松与随着经济回升美元走强两种力量继续角力的结果会最终决定大宗商品的价格走势。

（五）国际政治不稳定因素犹存风险不可忽视

2013 年，全球经济低迷的同时，国际政治冲突风险因素同样不可忽视。朝韩摩擦、叙利亚战争、日本右翼化加速等不稳定因素依然存在。美国继续实施"重返亚太"战略的挑战,印度民族主义抬头,南海和东海岛屿争端等均对我国营造稳定的外部环境造成了挑战。为了转移国内的矛盾,西方国家继续在全球推行干涉主义,不仅制裁伊朗和朝鲜的老问题会长期存在,继利比亚战争之后,美欧又对叙利亚举起干预大棒,更加强化了全球不稳定性。以美国为首的西方势力不仅采用军事力量输出影响,还存在发动更猛烈的经济金融战争的可能,通过向全球输出通胀转移风险、施压人民币单边升值冲击中国外贸等经济手段来实现政治目标。国际局势不稳定因素的存在,干扰了国际资源市场和国际投资的稳定性,使得经济交往风险加大,对于刚刚开始"走出去"的中小企业面临更多变数。

二、国内背景

(一)宏观经济增速下滑但有企稳迹象

在复杂的国内外因素影响下,中国经济面临着中长期经济增长下滑的压力,告别了以往多年 10% 以上的增长率,增长速度处于 7%—8% 区间。承接 2012 年增速下滑的趋势,2013 年上半年,宏观经济继续维持在缓慢下降通道中,上半年 GDP 增长率为 7.5%。但随着中央政府出台的一系列稳增长举措逐渐显效以及调结构取得初步成效,2013 年三季度 GDP 增长率为 7.7%。

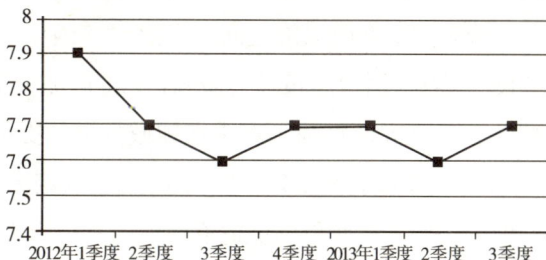

图1-3　中国GDP累计同比增长情况

数据来源:国家统计局。

从具体经济数据来看,国家统计局发布的数据显示,2013 年 8 月份工业生产者出厂价格 (PPI) 环比由降转升,环比涨幅 0.1%,自 2013 年 4 月以来首次出现同比上涨。工业生产者购进价格环比也出现自 3 月份以来的首次上涨,涨幅为 0.1%。数据的变化显示中国经济开始企稳。9月份,这一企稳趋势得到进一步确认。

汇丰公布数据显示，9月汇丰制造业 PMI 初值为 51.2，这是该指数自 8 月重返扩张区间（终值 50.1）后，再度大幅回升，并创下 6 个月新高。最新数据显示，经济增长动能进一步稳固。经济稳中有升有助于改革的深化及推进，从而促进经济的可持续发展。汇丰 PMI 连续两个月回升，而分项指数中各项主要指标也纷纷走高，新订单指数创下 6 个月高点，产出指数为 5 个月高点，新出口订单指数 6 个月来首次回到扩张区间，采购库存 2013 年以来也首次回到荣枯线以上。作为经济先行指标，PMI 持续反弹表明经济企稳回升势头明显，而 2013 年 7、8 月份投资、出口、消费和工业生产增速等宏观数据纷纷回暖也进一步印证了经济增长正在企稳。但需要注意的是，虽然三季度开始经济有企稳的趋势，但中国经济转型是一个艰巨曲折的长期过程，未来若干年内，经济将保持 8% 以下的适度增长速度范围内。

（二）宏观经济政策组合保持基本稳定

2013 年，宏观政策总体保持稳定，基本维持了积极的财政政策和稳健的货币政策组合。2013 年 3 月的政府工作报告中，就为当年的宏观政策定了基调："继续实施积极的财政政策和稳健的货币政策，保持政策连续性和稳定性，增强前瞻性、针对性和灵活性。继续实施积极的财政政策。更好地发挥积极财政政策在稳增长、调结构、促改革、惠民生中的作用。继续实施稳健的货币政策。把握好促进经济增长、稳定物价和防范金融风险之间的平衡。"年中，面对经济下滑趋势，中央采取了"保增长"措施，财政政策适时微调，一方面加大了税负减免的力度，尤其是小微企业减负，另一方面加强了对重点领域投资的支持。货币政策方面，2013 年 3 月，中国政府工作报告把 2013 年 M2 的增速预定为 13%，面对全球性量化宽松的压力，央行保持了相对稳健但适度灵活的货币政策。为了支持经济结构转型，7 月 5 日，国务院办公厅发布了支持经济转型升级的金融"国十条"。其中，明确提到"继续执行稳健的货币政策，合理保持货币信贷总量。"另外，还强调要"盘活存量资金，用好增量资金，加快资金周转速度，提高资金使用效率。"9 月 29 日，央行发布货币政策委员会 2013 年第三季度例会内容称，在继续实施稳健的货币政策的同时，着力增强政策的针对性、协调性，适时适度进行预调微调。

（三）工业增长放缓但效益趋于稳定

近年来，工业生产增长缓慢，工业经济回升力度不足。从 2012 年初到 2013 年末，工业增加值增速一直处于下降通道中，虽然三季度有企稳迹象，但还有待进一步观察。2013 年上半年，轻重工业处于双双回落状态，工业投资和民间投资也处于下降状态，工业增长动力不足。上半年，工业投资 7.66 万亿元，同比增长 16.2%（低于固定资产投资增速 3.9 个百分点），增速同比回落 7.6 个百分点，比一季度回落 1 个百分点。民间工业投资也出现明显回落，2011 年始终保持在 30% 左右的高位，2013 年 1—5 月已回落至 21.2%。制造业投资和民间投资低迷的状况反映出当前经济内生增长乏力。

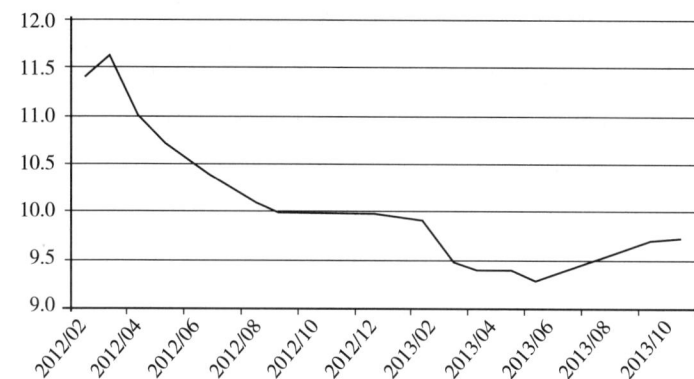

图1-4　工业增加值增速（累计同比）

数据来源：国家统计局。

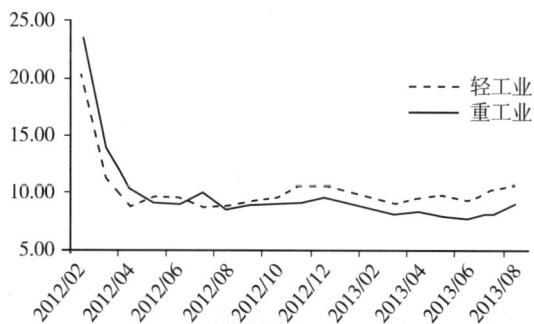

图1-5　2012年2月至2013年8月轻重工业增加值增速（累计同比）

数据来源：国家统计局。

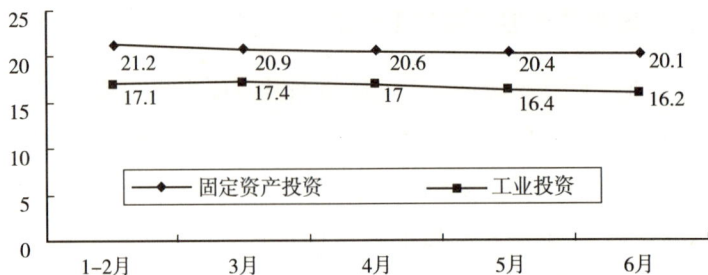

图1-6 2013年固定资产投资和工业投资累计增速（%）

数据来源：国家统计局。

工业效益趋于稳定。 2013 年 1—5 月数据显示，规模以上工业企业实现净利润 2.08 亿元，同比增长 12.3%，增速较一季度增长 0.2 个百分点，较年初则回落 4.9 个百分点。规模以上工业企业主营业务利润率为 5.35%，略高于上年同期；企业亏损面 17%，与上年持平。综合来看，年初以来的下滑趋势得以扭转，有望步入平稳增长期。

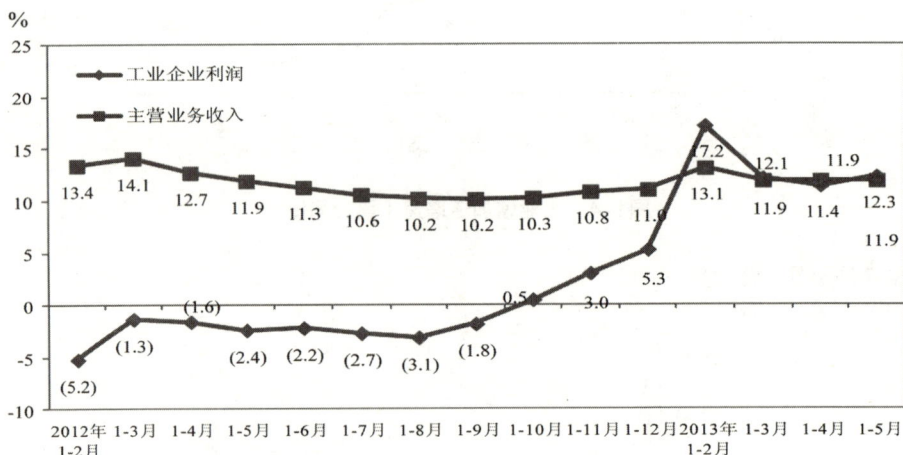

图1-7 工业企业利润和主营业务收入累计同比增速

数据来源：国家统计局。

（四）中小企业面临挑战处境不容乐观

2013 年上半年，我国经济运行虽然基本保持平稳，但在外部市场收缩、内需增长缓慢的背景下，中小企业面临着前所未有的增长压力。

11月社会消费品零售总额同比增长 13.03%（累计同比），同比增速明显下滑。2013 年，中型企业与小型企业景气指数整体呈下降趋势。12 月，中国制造业采购经理指数（PMI）为 51.0%，比上月回落 0.4 个百分点，高于全年均值 0.2 个百分点，连续 15 个月位于临界点以上。从企业规模看，大型企业 PMI 为 52.0%，比上月回落 0.4 个百分点，继续位于临界点以上，保持在景气区间；中型企业 PMI 为 49.9%，比上月下降 0.3 个百分点，降至临界点以下；小型企业 PMI 为 47.7%，比上月下降 0.6 个百分点，仍位于临界点以下。2013 年中型企业与小型企业 PMI 指数长期低于临界点以下，凸显中小企业经营的处境不容过分乐观。

表 1-4　汇丰 PMI 指标

时间	汇丰PMI
2011/01	54.50
2011/02	51.70
2011/03	51.80
2011/04	51.80
2011/05	51.60
2011/06	50.10
2011/07	49.30
2011/08	49.90
2011/09	49.90
2011/10	51.00
2011/11	47.70
2011/12	48.70
2012/01	48.80
2012/02	49.60
2012/03	48.30
2012/04	49.30
2012/05	48.40
2012/06	48.20
2012/07	49.30
2012/08	47 60
2012/09	47.90
2012/10	49.50
2012/11	50.50
2012/12	51.50
2013/01	52.30
2013/02	50.40
2013/03	51.60

（续表）

时间	汇丰PMI
2013/04	50.40
2013/05	49.20
2013/06	48.20
2013/07	47.70
2013/08	50.10
2013/09	51.20
2013/10	50.90
2013/11	50.80
2013/12	50.50

数据来源：Wind 资讯。

需要关注的是，小企业面临情况要比中型企业更为严峻，中国人民银行发布的中型和小型企业的景气指数以及汇丰制造业中型和小型企业 PMI 中，小型企业指标均低于中型企业，显示小型企业的严峻处境更值得关注。见下图所示：

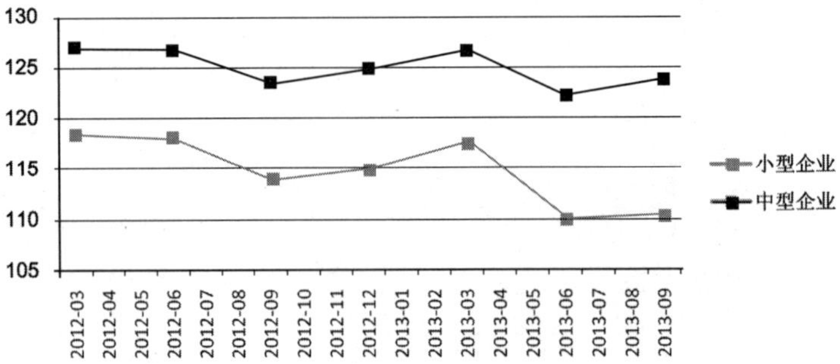

图1-8　中型和小型企业企业景气指数

数据来源：wind 资讯。

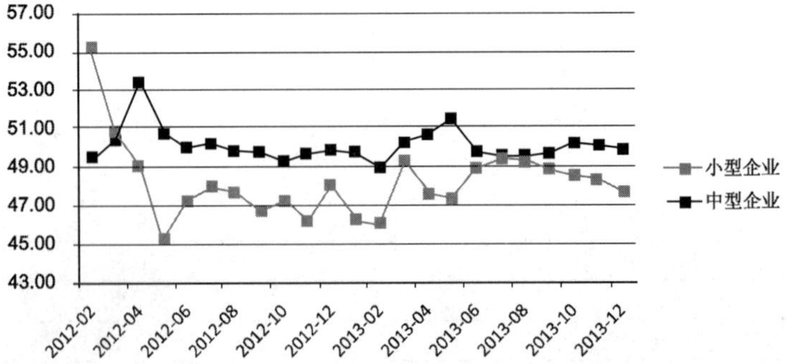

图1-9　制造业中型和小型企业PMI

数据来源：wind 资讯。

第二章 2013年中小企业发展状况

2013 年是深入贯彻落实《国务院关于进一步支持小型微型企业健康发展的意见》（国发〔2012〕14 号）的第一年，也是"扶助小微企业专项行动计划"的实施年。2013 年中小企业发展延续了近年来的良好发展势头，在发展经济、吸纳就业、创造利税、稳定社会、技术创新、优化经济结构等方面发挥着越来越重要的作用。

在我国，中小企业与民营经济、非公经济基本互为主体。由于中小企业缺乏全口径的统计数据，本章内容多处以民营、非公经济发展数据来反映中小企业的整体发展状况。

一、中小企业国民经济主体地位日益突出

改革开放 30 多年来，伴随着社会主义市场经济体制逐步建立和完善，我国中小企业从无到有，从小到大，由弱到强，不断成长壮大，已经成为国民经济的重要组成部分，发挥着不可替代的作用。2013 年，中小企业数量继续稳步增加，素质不断提高，活力明显增强，发展迈上了新台阶。基于促进中小企业健康发展对完善我国社会主义市场经济体制、稳定社会就业、促进公平竞争、增强经济活力等方面具有重要经济和社会意义，党中央国务院相继出台了一系列扶持政策并推进贯彻落实，中小企业发展环境不断优化，发展地位不断增强，发展空间进一步拓展。

（一）中小企业规模不断扩大，效益不断提升

在党中央国务院一系列方针政策指引下，2013年中小企业延续了快速发展势头。据国家工商总局统计，截至2012年底，全国登记注册的私营企业达1085.72万户，注册资金总额为31.1万亿元，同比分别增长12.2%和20.59%；私营企业的数量和注册资金规模在近五年呈稳定增长态势，中小企业规模实力不断增强（见图2—1）。2013年，中小企业总量已达到1300万家以上[1]，占企业总数的99%以上（波士顿咨询2013年10月的数据为99.7%），已经真正成为中国企业的主体。

中小企业规模扩大的同时，经济效益同步改善。2012年，非公有制工业企业实现主营业务收入64.4万亿元，同比增长13.0%，增幅比同期规模以上工业企业高2.0个百分点；全年实现利润总额3.9万亿元，占规模以上工业企业的70.9%；同比增长9.7%，增幅比同期规模以上工业企业利润高4.4个百分点。2013年，继续保持了这一趋势。

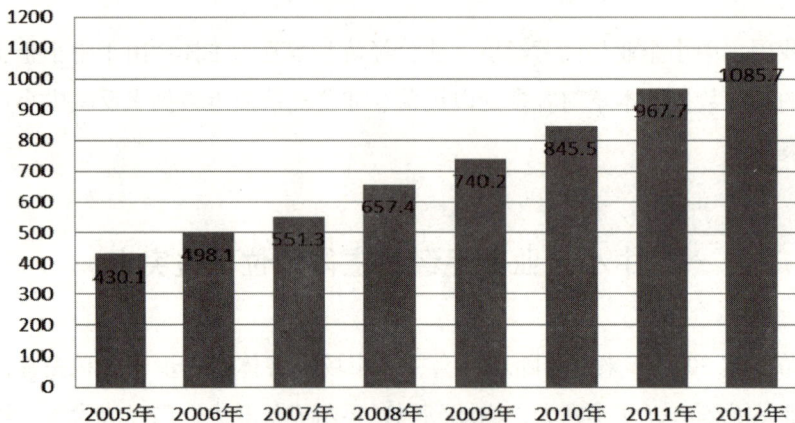

图2-1　2005—2012年私营企业户数（万户）

数据来源：全国工商联《中国民营经济发展形势分析报告（2012-2013）》。

（二）中小企业在国民经济中的比重不断上升

改革开放以来，我国中小企业的发展速度远高于全国经济增长速度，在国民

---

[1]　工信部总工程师朱宏任在出席"2013中国中小企业投融资交易会新闻发布会"时透露，截至目前，全国工商登记的中小企业数量已经达到了1300多万家，个体工商户超过4000万户，占企业总数的99%。

经济中的比重不断上升。

第一，中小企业数量所占比重快速提高。从 2007 年 6 月底到 2012 年 6 月底 [1]，私营企业数量和注册资本（金）量在内外资企业总数和注册资本（金）总额所占比重，分别从 59.4% 增长到 78.4%、从 25.1% 增长到 36.9%，反映中小企业在国民经济中的地位和作用明显提高。根据 2008 年第二次全国经济普查数据，在工业企业法人单位中，与中小企业高度重合的非公有制企业有 168.8 万个，占全部企业数量的 88.7%。在规模以上工业企业中，截至 2012 年底，我国非公有制工业企业共有 30.6 万家，占全部规模以上工业企业总数的 91.6%。

第二，民间投资所占比重继续增长。截至 2012 年底 [2]，民间资本固定资产投资共完成 22.4 万亿元，同比增长 24.8%，增速比全国固定资产投资平均增速高 4.2 个百分点；民间资本固定资产投资的比重首次突破全国固定资产投资的 60%，达61.4%。其中，工业民间固定资产投资 11.5 万亿元，同比增长 26.6%，占民间固定资产投资的 51.3%。以中小企业为主体的民间资本对拉动投资、促进经济增长做出了重大贡献。

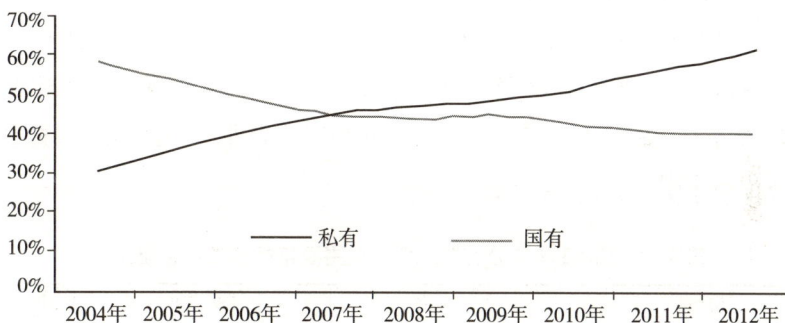

图2-2　民间投资与政府投资占全社会投资的比重

资料来源：wind 数据库。

[1] 国家工商总局：《党的十七大以来全国内资企业发展分析（2007 年 6 月—2012 年 6 月）》。
[2] 国家工商总局报告：《2012 年全国市场主体发展》。

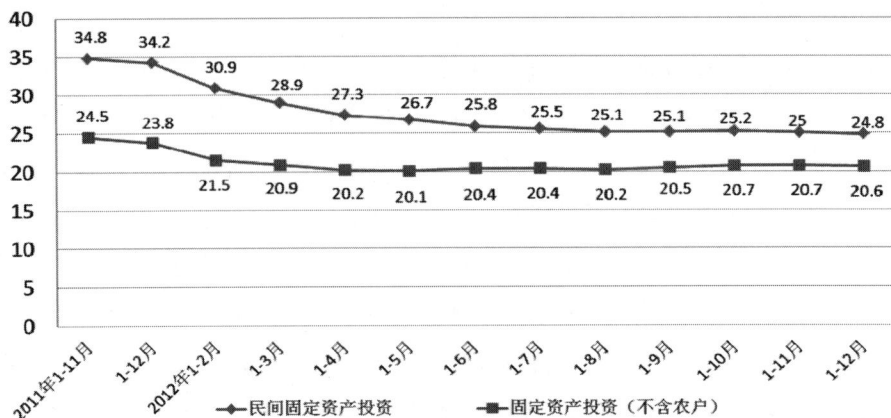

图2-3   2011—2012年民间固定资产投资与固定资产投资增速

数据来源：国家统计局。

第三，中小企业工业拉动实体经济发展。2012 至 2013 年，中小企业在 GDP 中的比重已经超过了 60%[1]。以中小企业为主体的非公有制规模以上工业企业 2012 年增加值累计增速为 14.9%，高于国有工业企业的 6.4% 和全部工业企业 10.0% 的平均水平。截至 2012 年底，中小企业工业企业的数量、从业人员、资产总额、主营收入、利润总额税金总额以及产值和出口总值等主要指标占工业企业比重全部高于 50%。中小工业企业已经成为工业企业名副其实的构成主体，对实体经济拉动作用明显。（见下表所示）

表 2-1   2012 年非公有制工业企业主要指标占工业企业比重

指标	全部工业企业	非公有制企业	比重（%）
企业数量（家）	333470	305575	91.6
从业人员（万人）	9273	7092	76.5
资产合计（亿元）	744920	417996	56.1
主营收入（亿元）	915915	643558	70.3
利润总额（亿元）	55578	39396	70.9
税金总额（亿元）	40939	20633	50.4
销售产值（亿元）	903885	648155	71.7
出口总值（亿美元）	20489	17927	87.5

数据来源：国家统计局和海关总署。

第四，中小企业成为推动行业发展的重要力量。据统计，在 40 个工业部门中，

---

[1]   波士顿咨询集团（BCG）2013年10月推出的报告《ahead of the curve:lessons on technology and growth from small business lesders》中显示中国中小企业占GDP比例为60%。

中小企业在 27 个部门中的比例已经超过 50%，在部分行业已经超过 70%，成为推动行业发展的主体。[1]

（三）中小企业结构分布日趋合理

中小企业从早期的加工、建筑、运输、商贸等领域，逐渐向基础设施、先进制造业、现代服务业、高新技术等领域拓展。不少中小企业在实现"专、精、特、新"发展方面取得实质性进展，积极与国有大企业协作配套，企业发展质量和效益不断提升。不少中小企业围绕产业链抱团发展，逐步形成产业集群，推动地区经济和产业结构调整。根据国际货币基金组织的研究，按附加值计算，以中小企业为主体的我国私营企业的资本回报率比国有企业高 50%，比国有控股企业高 33%，比国有参股企业高 24%。[2]

首先，中小企业行业分布更趋合理。根据全国工商联数据，从 2011 年到 2012 年，私营企业户数增长最快的六个行业分别是交通运输业，仓储和邮政业，金融业，农林牧渔业，住宿和餐饮业，文化、体育和娱乐业。第三产业户数增长 10.6%，占全部私营企业增长户数的 83.1%，继续保持了高速增长。2013 年，这一趋势得以延续。

其次，中小企业地区分布更趋合理。根据全国工商联数据，从私营企业的地区分布来看，私营企业数量最多的前五个地区均处于东南沿海地区，也是我国经济最发达的地区。与 2011 年底的数据进行对比，私营企业户数增长最快的五个地区依次为贵州、青海、重庆、广西、西藏，增长率依次为 54.7%、27.5%、21.2%、20.5% 和 19.2%，全部处于我国的西部地区。随着国内产业转移进程的推进，2013 年西部地区增速继续领跑全国。

（四）中小企业成为解决就业的主渠道

近年来，我国就业形势较为严峻，而中小企业的快速发展，形成了巨大的劳动力需求，吸纳了绝大部分劳动力的增量和存量转移，极大缓解了就业压力。目前，中小企业提供了 80% 以上的城镇新增就业岗位，吸纳了 80% 以上的农村转移劳动力，在帮助城市困难群体就业、吸纳农村大量剩余劳动力、解决大学毕业

---

[1] 国家发改委《"十五"经济体制改革回顾》报告之"中小企业迎来历史上最好发展时期"部分。
[2] 数据来源：2010 年中国中小企业发展论坛大会报告《应落实政策支持中小企业发展》。

生就业等方面发挥着不可替代的作用。当前，随着我国工业化进程的稳步推进，大量劳动力从第一产业向第二、三产业转移，中小企业已经成为就业压力的缓冲器，社会和谐的助推器，对社会贡献起着越来越大的作用。

据《2012 年统计年鉴》，2007 年—2012 年，城镇就业人员中，国有单位从业人数年均增长率仅有 1.1%，而私营企业从业人数年均增长 10.8%。中小企业成为解决新增就业的主力军。截至 2012 年末，私营企业投资者人数 2200.1 万人，同比增长 10.8%；从业人员 9096 万人，同比增长 8.7%。非公有制工业企业从业人员 7092 万人，同比增长 1.9%，占工业企业从业人员的 76.5%。根据 2008 年第二次全国经济普查，在工业企业法人单位中，中小企业提供了城镇 65.5% 以上的就业岗位。[1]据美国波士顿咨询公司（BCG）2013 年 10 月出版的中小企业报告显示，中国中小企业占工作岗位总数比例已经达到 82%。[2]

（五）中小企业是推动技术创新的重要载体

大约 70% 的技术创新、65% 的国内发明专利和 80% 以上的新产品均来自中小企业，中小企业发挥了技术创新的主体作用。无论是电子信息、生物医药、新材料、新能源等高新技术领域，还是在信息咨询、创意设计、现代物流等新兴服务业，非公有制企业的创新都十分活跃。世界银行的研究报告[3]指出，在中国目前的国家创新体系中，国有企业和科研院所是创新活动的主体；但在未来，中国实现成功的技术赶超要更多地依靠民营部门，中小企业作用不可小觑。

（六）中小企业成为对外开放的生力军

随着外贸经营权的放开，中小外贸企业发展迅速，出口增长迅猛，已成为对外开放的一支生力军，作用越来越大。2012 年我国民营企业出口总额达 7699 亿元，同比增长 21.1%，高于整体增幅 13.2 个百分点，占比达到 37.6%，急速攀升 4.1 个百分点。同时，中小企业纷纷到境外投资兴业，成为我国实施"走出去"战略的新生力量。统计数据显示，截至 2011 年底，中国民营企业对外直接投资的比重，已经达到当年中国对外投资总量的 44%，在某些具体领域，活跃程度已超过国

---

[1] 国家统计局：《第二次全国经济普查主要数据公报》，2009年12月25日。

[2] BCG：ahead of the curve:lessons on technology and growth from small business lesders,China, October 2013.

[3] 世界银行研究报告《中国：促进以企业为主体的创新》，2009年5月14日发表。

有企业，成为对外投资的一支新兴力量。[1]

（七）中小企业成为支撑县域经济的主体

中小企业的税收增长明显高于全国平均水平，2008—2012 年中小企业税收增长率一直保持在 30% 以上，对国家财政贡献不断上升。中小企业已经成为全国大多数地市县的经济主体力量，例如，浙江温州市中小企业纳税占全市工商税收的 80% 左右。

（八）中小企业是推动产业集群发展的重要力量

近年来，以中小企业高度集聚为特征的产业集群发展迅速。如广东省的大沥铝材、西樵纺织；福建省的晋江鞋业、南安建材；浙江省的永康五金、温州打火机等。部分产业集群已成为我国的重要制造业基地，产品在全国占有很高市场份额。浙江温州的打火机和眼镜出口占全国的 90%，低压电器产值占全国 1/3；嵊州的领带产量占全国的 80%；以中小企业为主体的产业集群有力地推动了农村现代化和城镇化进程。在广东珠三角的 404 个建制镇中，以产业集群为特征的专业镇有 1/4，不少产业集群在全国已占有举足轻重的地位，如大沥的铝材产量已占到全国的 40% 以上，中山古镇的灯饰销量已占到全国的 60% 以上，不少中小企业已成为当地经济发展的龙头。

二、中小企业经营压力依旧，但程度有所减缓

经济下滑给中小企业带来了较大经营压力，虽然中小企业整体经营平稳，但部分企业面临经营困难。据工信部在全国进行的劳动密集型中小企业调研数据显示[2]，参与调研的中小企业中，"生产经营发展良好，步入快速增长"的占 16%，"生产经营情况正常，保持平稳增长"的占 46.4%，"生产经营遇到困难，增速放缓"的占 9.8%，"生产经营困难严重，出现停滞甚至下滑"的占 7.8%。见下图所示：

---

[1] 数据来源于德勤会计师事务所。
[2] 2012年底，由中小企业司委托、赛迪智库中小企业研究所承担的创新型、创业型、劳动密集型调查共涵盖全国14个省、市、自制区，共回收小企业问卷2600多份。

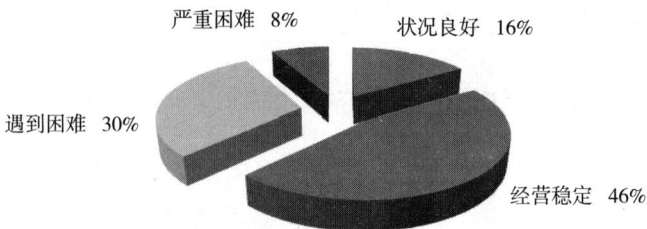

图2-4 企业经营情况

数据来源：赛迪智库中小企业研究所。

从具体行业来看，不同行业中经营遇到困难和严重困难的企业占比情况如下表：

表2-2 不同行业经营困难企业占比

行业	经营遇困难企业占比
批发	44.44%
零售	9.09%
餐饮	50.00%
纺织	41.67%
鞋帽	46.15%
木材加工	33.33%
家具制造	75.00%
金属制品	39.13%
专业设备	38.89%
电气机械	24.00%
通信设备	45.45%
工业总体	38.85%

数据来源：赛迪智库中小企业研究所。

一直以来困扰中小企业的融资难和人工成本上涨问题使得中小企业经营压力持续居高不下。现有的金融资源和体制无法满足我国中小企业的旺盛融资需求。一方面是融资难，中小企业很难在现有商业银行系统获得贷款，纷纷转向小贷公司等渠道。根据德勤在西南的市场调研结果，在被访的已成为小贷公司客户的50多个小微企业主中，超过95%曾向银行申请贷款，但仅有45%成功[1]。根据央行数据，截至2013年3月末，全国共有小额贷款公司6555家，贷款余额6357亿元，全年新增贷款434亿元，德勤预计，2013年全国小贷公司贷款余额将达8289亿元；

[1] 任奕奕：《成本上涨 内外压力倒逼中小企业升级》，《中国工业报》2013年7月31日。

虽然小贷公司规模发展迅速,但这依然远远不能满足中小企业的需求。另一方面,融资贵问题依然突出。中小企业民间融资成本普遍在 20% 以上,即使在商业银行成功融资,成本也普遍在基准利率基础上上浮 20%—30%。

中小企业普遍面临成本上涨的问题,部分制造业受此影响甚至陷入经营困局。一方面劳动者生活成本上涨倒逼员工工资上涨,中小企业劳动力成本上升显著。据国家统计局数据,2013 年 5 月平均全国居民消费价格总水平比上年同期上涨 2.4%,其中,食品和房租上涨明显,推动劳动者生活成本持续上升。另一方面随着 "刘易斯拐点临近","劳动力无限供给" 特征正在逐步消退,劳动力成本已进入长期上涨通道。按照国务院 2012 年批转的人力资源和社会保障部等部门制定的《促进就业规划(2011—2015 年)》规定,2011 年到 2015 年,我国最低工资标准年均增长率要大于 13%。继 2012 年全国最低工资标准平均上调 22% 之后,2013 年,已颁布最低工资标准的上海、深圳、北京、贵州等 18 各省市平均上涨超过 15%,廉价劳动力时代已一去不复返。

表 2-3　2013 年各地最低工资标准

地区	月最低工资标准	小时最低工资标准	调整时间
上海	1620	14	2013年4月1日
深圳	1600	14.5	2013年3月1日
广东	1550	15	2013年5月1日
新疆	1520	15.2	2013年6月1日
天津	1500	15	2013年4月1日
江苏	1480	13	2013年7月1日
浙江	1470	12	2013年1月1日
北京	1400	15.2	2013年1月1日
山东	1380	15.5	2013年3月1日
辽宁	1300	13	2013年7月1日
山西	1290	14	2013年4月1日
河南	1240	11.7	2013年1月1日
江西	1230	12.3	2013年4月1日
广西	1200	10.5	2013年2月7日
甘肃	1200	12.7	2013年4月1日
四川	1200	12.5	2013年7月1日
陕西	1150	11.5	2013年1月1日
贵州	1030	11	2013年1月1日

数据来源:中国社会科学院。

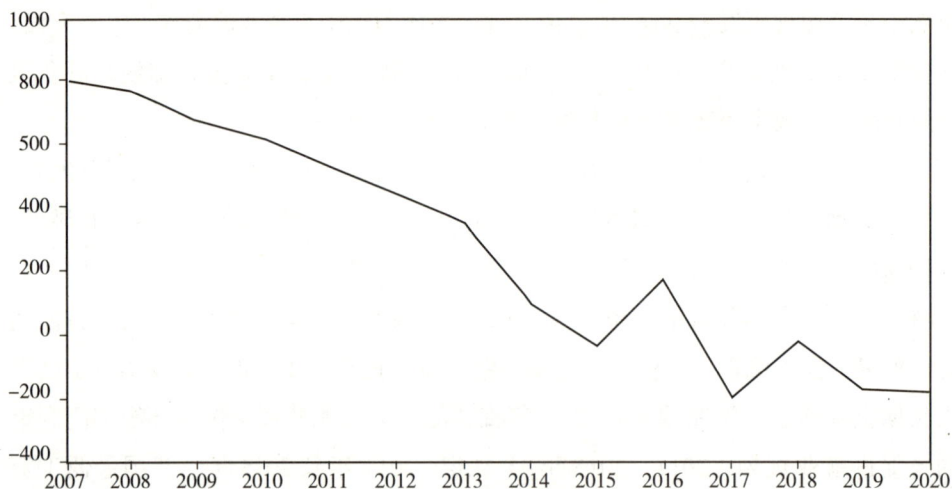

图2-5　每年新增劳动力人口的数量预测（单位：百万）

数据来源：中国社会科学院。

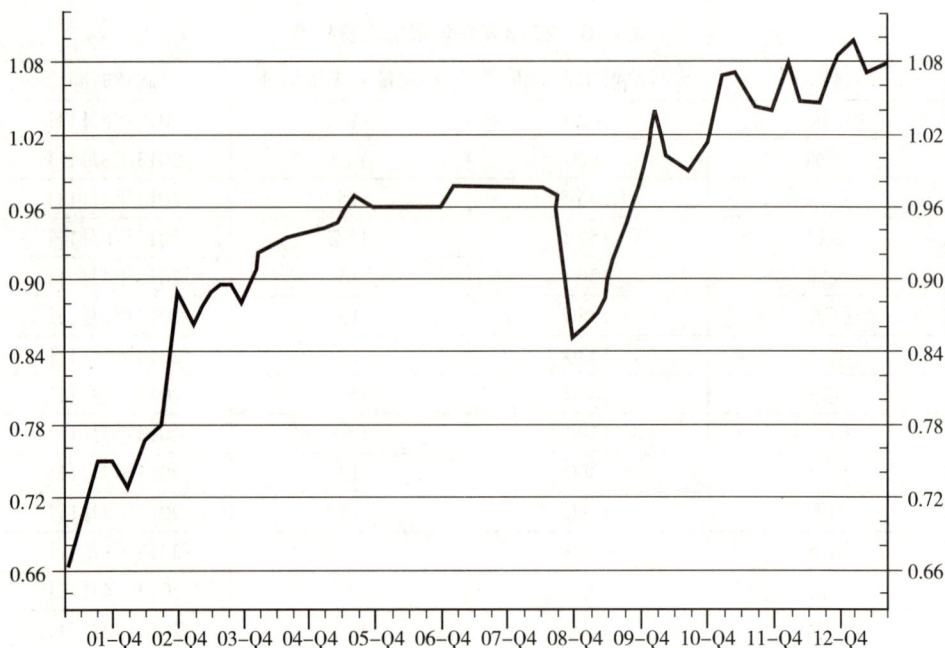

图2-6　我国求人倍率数据

注：求人倍率是劳动力市场在一个统计周期内有效需求人数与有效求职人数之比。当求人倍率大于1，说明职位供过于求；如果求人倍率小于1，说明职位供不应求。

数据来源：Wind资讯。

三、政策扶持效应逐渐显现，政策环境不断优化

随着《扶助小微企业专项行动实施方案》正式发布及相关配套政策的深化落实、《关于做好 2013 年减轻企业负担工作的通知》的深化落实、"营改增"政策受惠面的逐渐扩大以及 2013 年小微企业专项行动计划的启动实施，一系列政策将逐渐显效，中小企业的发展环境愈加完善。为切实鼓励、扶持中小企业发展，各级政府纷纷出台一系列涉及融资、税收等各个方面的中小企业扶持政策，大力完善中小企业发展的市场环境和政策环境。提高营业税和所得税起征点、减少各项行政审批费用、提高小微企业财政专项资金规模、扶持个体户转型升级为企业、小微企业创业基地标准厂房建设用地试点、完善中小企业公共服务平台网络、各种专项扶助行动等一系列政策举措的不断推出和落实，使中小企业发展环境日益优化，效果不断显现。

例如，针对中小企业融资难问题，各级政府采取多种措施，扩充融资渠道，缓解中小企业的融资压力。自 2008 年银监会发布《关于银行建立小企业金融服务专营机构的指导意见》以来，已有 100 多家商业银行设立了不同形式的专营机构，专门为小微企业提供金融服务。[1] 中小企业私募债自 2012 年 5 月推出到 12 月底，共筹资 84.1 亿元。2013 年 1 月，全国中小企业股份转让系统揭牌运营。2013 年 3 月 7 日，国家发展和改革委员会主推的首批四期共 35 亿元的小微企业扶持债券面世。截至 2013 年 6 月末，全国小微企业人民币贷款余额 12.25 万亿，占全部企业贷款的 28.6%，较去年同期和上月分别提高 0.4 和 0.2 个百分点。上半年新增小微企业贷款 1.03 万亿，占全部新增企业贷款的 42.6%，较去年同期提高 9.9 个百分点；其中 6 月当月新增小微企业贷款 2190.56 亿元，较上月末多增 814.07 亿元。再以小额贷款公司为例，央行发布的数据显示，小额贷款公司从 6 月末的 7086 家增加到 9 月末的 7398 家，贷款余额由 7043 亿元增加到 7535 亿元，新增贷款由 1121 亿元增加到 1612 亿元 。通过一系列融资政策的帮扶，中小企业融资难已有所缓解。

面对 2013 年上半年的经济下滑局面，国务院推出多种"稳增长"措施，对中小企业予以扶持。2013 年 7 月，国务院总理李克强主持召开国务院常务会议决定，从 8 月 1 日起，将对小微企业中月销售额不超过 2 万元的增值税小规模纳

---

[1] 尚福林：《推动小微企业金融服务转型升级》，企业信息网，www.sme.gov.cn，2013年6月4日。

税人和营业税纳税人，暂免征收增值税和营业税，并抓紧研究相关长效机制。这项政策是继 2011 年《增值税暂行条例实施细则》和《营业税暂行条例实施细则》提高增值税和营业税起征点之后的又一重大举措，大幅减轻了小微企业的税收负担。同时，会议还决定制定出台便利通关办法，整顿进出口环节经营性收费，减少行政事业性收费，支持外贸综合服务企业为中小民营企业出口提供融资、通关、退税等服务，极大地优化了中小企业外贸出口环境。8 月 8 日发布的《国务院办公厅关于金融支持小微企业发展的实施意见》提出 11 项措施缓解小微企业融资难，包括加快设立小微企业创业投资引导基金、扩大小微企业增信集合债券试点规模、清理规范涉及企业的基本银行服务费用等。四川、河南、河北等地也结合地区特色制定了区域促进中小企业发展的政策文件，并且通过设置中小企业专项基金、建立中小企业服务平台等多种方式，伴随着这些措施的实施，中小企业将迎来新的机遇。2013 年 9 月李克强主持召开国务院常务会议又进一步下放了 75 项行政审批事项。至此，新一届政府取消和下放的行政审批事项已达 221 项，激发了市场活力，有利于众多中小企业进入更多市场领域。

第三章　2013年中小企业发展存在的问题

2013 年中小企业发展中存在的问题，既有以往一直存在的阶段性老问题，也有一些新的长期趋势性苗头，需引起各方关注。

一、既有老问题

（一）融资难融资贵问题依然存在

虽然在各方推出的支持措施下，中小企业融资难问题有所缓解，但融资难和融资贵短期内依然难以根除。工信部进行的涵盖全国 26 个省市的中小企业调研数据显示，融资难、贵依然是中小企业面临的首要难题。见下表所示：

表 3-1　中小企业面临困难排序

项　目	排　序
融资难、融资贵	1
招工难、留人难	2
市场竞争压力加大	3
订单不足	4
企业间支付拖欠	5

数据来源：赛迪智库中小企业研究所。

2013 年 4 月公布的《小微企业融资发展报告：中国现状及亚洲实践》调查结果显示，有 59.4% 的小微企业表示，其借款成本在 5% 至 10% 之间，更有四成以上的小微企业表示借款成本超过 10%。在融资成本方面，31.8% 的小微企业主认为向银行贷款的成本最高，也占比最高。[1]

---

[1]　工业和信息化部中小企业发展促进中心：《小微企业融资发展报告：中国现状及亚洲实践》。

（二）人工成本上升问题制约企业发展

用工成本高是中小企业普遍面临的问题，尤其是对传统劳动密集型中小企业而言，是其面临的首要个性化问题。既有公开数据显示，继2012年各省市最低工资标准平均上涨20%以后，从目前各省颁布的最低工资水平来看，2013年仍保持了15%以上的增速。企业人工成本中员工社保负担极为突出，员工社保支出已达到工资总额的32%。另外，企业普遍反映的"招人难、留人难"问题的本质是企业不能提供具有外部竞争性的员工薪酬，究其根本还是用工成本问题。

（三）技术创新保障体制尚未构建

一方面是缺乏充分的研发资金。调研数据显示[1]，有56.8%和54.2%的创业型、创新型中小企业认为，企业在技术创新过程中面临的最重要的困难是缺乏研发资金；另一方面是科技创新型人才缺乏。调研发现，有46.7%的企业认为缺乏技术人员。由于中小企业普遍未形成较为规范的人力资源管理制度和社会劳动保障体系，也未构建科技人才引进和培养机制，因此对于优秀科技创新人才的吸引力较小。

（四）公共服务支撑体系建设有待完善

继2011年和2012年工信部分别确认了首批99家和第二批208家国家中小企业公共服务示范平台后，2013年继续确认第三批共计300家中小企业公共服务示范平台，中小企业服务体系建设已经取得一定成绩，但是仍然存在问题。一方面，服务种类不够丰富，服务功能有待提高。现有平台多集中在信息查询、技术交流、技术培训等方面，而相对缺乏新型的技术咨询、融资服务、工业设计等服务。另一方面，平台资源整合缓慢。中小企业服务组织水平参差不齐，服务覆盖面不广，在一定区域范围内尚未形成服务资源共享机制。

调查发现，24.3%的企业从未接受过服务机构服务，主要原因包括以下方面：

一是"不了解机构的服务信息"为首要原因，占38%；二是"获得服务的成本高、不够便捷"也是重要原因，占23%；三是"附近没有服务机构"占14%，表明中小企业服务体系覆盖面还需要进一步提升。

---

[1] 工信部于2012年6月20日至8月10日在全国开展创新型、创业型、劳动密集型中小企业调研，共在14个省市回收中小企业调研问卷2634份，其中有效问卷1933份。

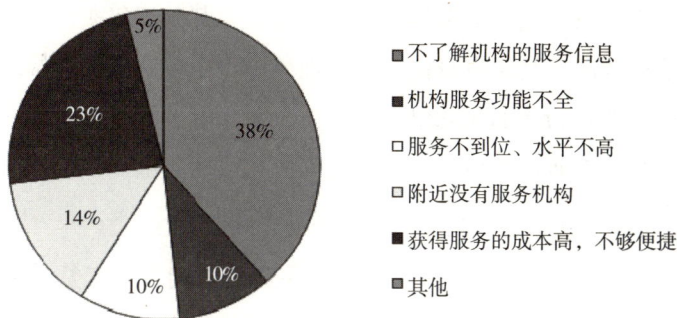

图3-1　企业未接受过服务机构服务的主要原因

数据来源：赛迪智库中小企业研究所。

（五）企业技术水平较低，创新普遍不足

调研情况显示，有自主创新技术的企业占45%，无自主创新的企业占55%，企业技术创新普遍不足，过半企业无自主技术。

技术创新的障碍因素排序为研发技术投入不足、缺乏技术人员、研发能力不强、市场前景把握不准、缺乏专项资金支持、缺乏针对性技术服务支撑。影响因素排序如下表：

表3-2　影响企业技术创新的各项因素排序

项　目	排　序
研发投入不足	1
市场前景把握不准	3
缺乏技术人员、研发能力不强	2
缺乏针对性技术服务支撑	5
缺乏技术标准	8
知识产权保护成本高	7
缺乏产学研合作渠道资源	6
缺乏资金支持	4

数据来源：赛迪智库中小企业研究所。

（六）大企业拖欠账款情况依然严重

相对于大企业而言，中小企业处于弱势地位。大量小企业围绕着大企业，充当其原材料、配件供应，代加工者角色，大企业拖欠中小企业账款严重影响着中小企业的正常经营，使其资金链条压力巨大。尤其是近年来，在市场收缩的情况下，大企业更倾向于利用自身优势地位拖欠中小企业货款，转嫁之经营压力。根据2013年6—9月份进行的覆盖29个省（区、市）和5个计划单列市的1.7万多家中小微企业调研数据显示，资金拖欠情况愈加严重。

1. 从规模上看小企业拖欠问题更为突出

调研数据显示，57.99%的调研企业存在被采购方拖欠货款的情况；42.01%的调研企业表示不存在被拖欠货款情况。不同规模企业均呈现相似特点，小型企业被拖欠情况最为突出，存在拖欠的占调研企业数的60.26%。

表3-3　调研企业被采购方拖欠货款的情况

拖欠情况	合计		微型企业		小型企业		中型企业	
	样本量	占比（%）	样本量	占比（%）	样本量	占比（%）	样本量	占比（%）
存在拖欠	9855	57.99	986	53.7	6784	60.26	2085	53.46
不存在拖欠	7139	42.01	850	46.3	4473	39.74	1815	46.54
合计	16994	100	1836	100	11257	100	3900	100

数据来源：赛迪智库中小企业研究所。

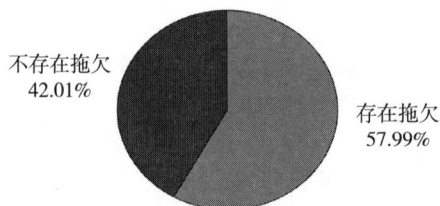

图3-2　调研企业被采购方拖欠货款的情况

数据来源：赛迪智库中小企业研究所。

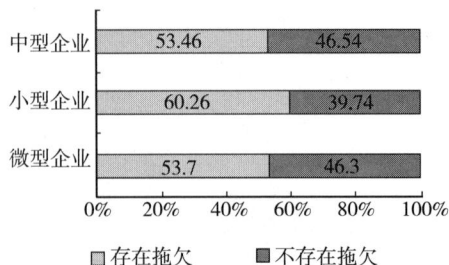

图3-3　中/小/微型调研企业被采购方拖欠货款的情况

数据来源：赛迪智库中小企业研究所。

2. 从不同行业看，拖欠货款发生率普遍超过 50%

从行业情况看，只有纺织行业调研企业存在被采购方拖欠货款情况的比例不到 50%，其他行业存在拖欠的企业比例均超过 50%，拖欠情况最突出的是机械、建材、电子、化工行业，存在拖欠的企业占比均超过 60%，分别达到 67.22%、65.33%、64.58%、61.87%。

表 3-4　从不同行业看调研企业被采购方拖欠货款的情况　（%）

行业	存在拖欠	不存在拖欠
全国	57.99	42.01
化工	61.87	38.13
冶金	59.84	40.16
有色	54.36	45.64
建材	65.33	34.67
轻工	53.22	46.78
纺织	43.61	56.39
医药	53.54	46.46
机械	67.22	32.78
汽车	55.76	44.24
电子	64.58	35.42

数据来源：赛迪智库中小企业研究所。

3. 从地区看不同地区存在拖欠的企业占比均超过 50%

从地区情况看，所有省市调研企业中存在货款拖欠的企业占比均超过 50%。拖欠情况最突出的是四川、江苏、山西、深圳、湖北等省，存在拖欠的企业占比均超过 60%，分别达到 66.43、64.67%、62.96%、62.83%、61.87%。

表 3-5　从重点地区看调研企业被采购方拖欠货款的情况

地区	存在拖欠问题	不存在拖欠问题
全国	57.99	42.01
河北	57.56	42.44
山西	62.96	37.04
内蒙古	52.58	47.42
辽宁	57.64	42.36
江苏	64.67	35.33
山东	55.26	44.74
湖北	61.87	38.13
广东	54.80	45.20
重庆	51.42	48.58
四川	66.43	33.57
陕西	52.95	47.05

（续表）

地区	存在拖欠问题	不存在拖欠问题
大连	50.76	49.24
深圳	62.83	37.17

数据来源：赛迪智库中小企业研究所。

二、苗头性新问题

（一）中小企业发展局面短期困境恐将常态化

当前，在内外多重因素叠加下，中小企业尤其是劳动密集型中小企业面临巨大困境。据2012年6—8月进行的涵盖2600家中小企业的抽样调查显示，家具、服装、通讯设备等劳动密集型行业中小企业的困难面分别高达75%、46.2%、45.5%。劳动力成本上升，能源、原材料价格上涨，市场订单不足是其所面临的主要困难。

分析这些困境背后的原因，均不具备短期内改变趋势的可能，劳动密集型中小企业面临的生存困境恐将长期化。首先，随着人口红利的逐渐消失、最低工资标准上调，以及《社会保险法》和新《劳动合同法》的强化落实，劳动力成本已经步入长期上升通道。2004年至今，制造业工人的平均工资上涨了150%以上，预计还将以每年10%—20%的速度攀升。其次，过剩的流动性导致资源要素价格短期内也难以大幅下降。2004年至今土地价格上升逾70%[1]，2007—2011年，国内大宗商品平均价格上涨51%，小麦、玉米等软性商品价格上涨60%，金属价格上涨19%。[2]美国以及日、欧的宽松政策还将会对资源要素价格产生推升作用。再次，导致市场订单不足的外需市场不振还将持续。美国经济复苏进程反复、欧洲深陷主权债务危机泥沼，主要国际市场需求的萎缩在短期内难以改变。

（二）出口不振背后的"中国制造"竞争力下滑

2010年1季度至今，我国中小企业进出口增速出现持续下滑趋势。导致我国中小企业出口困境的外部原因是国际市场需求下滑、贸易保护主义加剧，而更深层的内在原因是我国制造业国际竞争力的下降。以对美国出口为例，2004—

[1]　数据来源：海关总署。
[2]　安永报告：《超越增长——势在必行：提供中国生产率》，2012年9月。

2008 年平均每年 27% 的高增速已下降到 2012 年上半年的 9.2%，而据美国商务部数据显示，同期美国进口增速仅仅从 8% 下降到了 6%。一方面，受劳动力成本上升和人民币升值等因素的共同影响，中国制造的传统优势——低廉的劳动力成本、土地成本和汇率优势正在不断弱化。以人民币币值为例，从 2010 年 5 月至今已经形成标准的长期上升通道，为外向型中小企业出口带来巨大压力。另一方面，以东南亚国家为代表的新兴市场以更加低廉的成本优势对中国制造造成了巨大冲击。随着这些国家工业基础不断完善、产业工人队伍不断成熟，配套设施不断健全，中国制造的传统优势将丧失殆尽。

更值得关注的是，传统优势弱化的同时，中国制造的新优势尚未构建。在新工业革命面临突破的大背景下，以"增材制造"等为代表的新技术的运用与推广势必重塑全新的业态模式，对中国制造业在技术创新、知识产权保护、质量控制、研发设计、咨询服务等环节提出更高要求。

（三）转型升级名义下的"重转轻升"认识偏差

虽然各方面更加重视推动中小企业转型升级，但是对于转型升级的政策内涵、战略方向和发展路径，仍存在认识不足与理解方面的偏差。比如，当前许多地方政府将产业转移等同于产业转型升级，政策取向片面重视产业转移而非真正的转型升级。

然而，必须指出的是产业转移并不等同于转型升级。通过产业转移实现企业转型升级的发展思路更多的是缓解困境之策，不是长期解决之道。首先，作为产业承接地的中西部地区所具有的成本优势也正在逐渐弱化，东盟国家或将在十年内取代中国。如果一味只重视产业转移，继续延续已有的发展方式，将会错过转型升级的最佳时机。其次，产业转移有可能会出现"低附加值传统产业移出，高技术高附加值产业未进入"的"空心化"现象，并不能从根本上解决问题。将"转地区、转行业"简单地作为企业转型升级的手段，未能切中"高效率、高附加值"的企业转型升级关键，其真正意义上的促进作用恐将有限。

（四）减负背景下"税未降、费大增"的不良倾向

中小企业承担的税收和非税收费用增长迅速，甚至大幅超过了企业利润。2012 年国务院发展研究中心调研发现，在工业企业利润下滑 30%—40% 的情况下，

所调研各省的税收增长仍然达到两位数以上，表明企业税收负担过重。

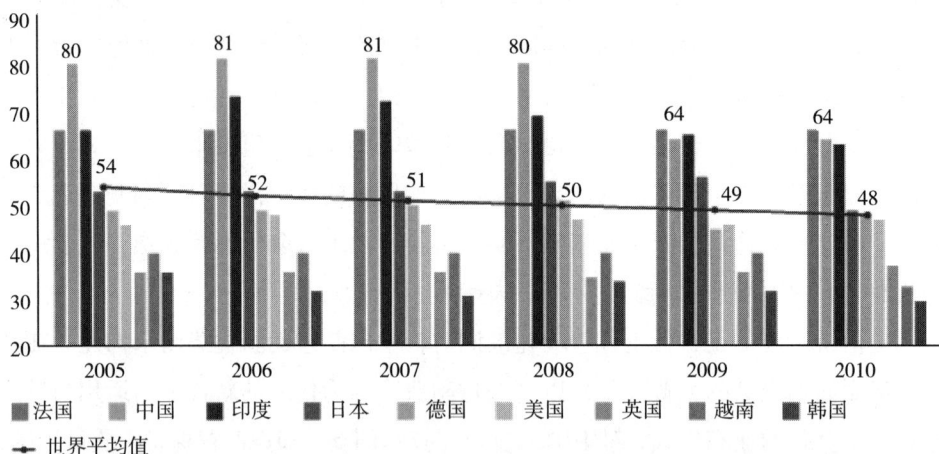

图3-4　中国综合税负与其它主要工业国家及亚洲国家的对比

注：数字表示综合税负与企业净利润的比值，单位：%。

数据来源：世界银行。

更值得关注的是，2012年以来，受宏观经济下行压力和房地产调控的影响，为了保证预期的财政收入，不少地方加大征收各种非税收费。2013年前三季度，天津、安徽、广东等省份的非税收入增幅分别比税收收入增幅高出40%、30%和18%，这折射出中小企业财税优惠政策落实的现实困境：一部分行政性收费"变脸"为经营性收费，导致中小企业负担不降反增，征费方式隐性化趋势初显；"小且散"（如管理类、登记类和证照类等）的行政事业性收费减少了，"大且重"的费种（如河道工程维护管理费、水资源费、劳动保险费等）并未减，"避重就轻"的结构性问题较为突出，企业减负效果有限。

（五）中小企业自身瓶颈约束下转型升级步伐缓慢

与大企业相比，中小企业转型升级面临着更为薄弱的基础，转型升级面临的突出难题不解决势必拖累经济转型的整体大局。

一是中小企业转型升级缺乏足够的物质基础。中小企业转型升级的终极目的是围绕效率和效益构建内生发展动力，但这一过程所必须的设备改造、技术升级、质量提升、品牌构建等离不开前期的投入。目前，困境下的中小企业处于生存的临界点，首先，"贫困化发展"状态[1]短期无法摆脱，其次，"去实业化"现象[2]依然严重，中小企业缺乏内部积累能力，无力完成投入——产出的逻辑循环。

二是中小企业转型升级缺乏明确的方向认识。目前，中小企业转型升级的必要性虽成为共识，但对于众多中小企业甚至是各级主管部门而言，转型升级更多的是一个非常宽泛的概念，转型升级的重点方向、具体路径尚缺乏一个统一的认识，转型升级路线图的缺失严重制约了转型升级的进程。

三是中小企业转型升级缺乏明确的突破口。转型升级是一个方向正确但过程复杂的选择，不可能一蹴而就，但立足中小企业现实，从何处突破才能牵一发而动全身，既具操作性又能为平稳进入进程下一阶段打下坚实基础还不甚明了。

四是中小企业转型升级缺乏系统的环境保障。中小企业转型升级不啻于凤凰涅槃，在进程的初期需要一个宽松的环境支撑，要可以暂时容忍就业、税收等方面贡献下降的短暂阵痛，要可以获取资金、技术、市场等方面的系统支持。但中小企业一直游离于社会主流资源的支持之外，承载着吸纳就业、活跃经济、促进出口、贡献利税等太多责任，在自生自灭中艰难前行。没有系统的环境保障，转型升级必将困难重重。

三、中小企业破解问题的突破口

（一）转换观念，政策出发点由"保生存"转为"促发展"

随着内外环境的变化，我国劳动密集型中小企业原来固守多年的优势正在慢慢弱化，在多重压力下陷入困境似乎成为必然。能否摆脱路径依赖，依托创新、调整模式、转型升级，通过提升技术和质量水平，树立自身品牌，提高附加价值以提高竞争力，既是摆脱当前危机的途径，也是未来持续发展、提升价值链层级的基础。可以说，劳动密集型中小企业面临的不是生存问题，而是发展问题。停滞不前只会愈发艰难，只有发展才能解决生存问题。

对劳动密集型中小企业而言，政策扶持的立足点应是促发展而非保生存，应

---

[1] "贫困化发展"状态是指，中小企业处于"拼人力、拼成本、拼数量、拼环境"的低层次竞争，呈现出低质量、低效率、低效益的一种发展状态。
[2] "去实业化"现象是指，过去几年，在宽松的货币政策及不稳定的物价背景下，我国经济生活中出现的一种不合理的现象，即由于投资实业的投资回报率和回收周期问题，一些企业主无心做实业，都想通过炒房、炒矿、炒钱(放贷)赚快钱的投机行为。中小企业"去实业化"现象反映了企业对传统发展模式的信心缺失。

是创造环境、引导发展而非一味庇护。针对劳动密集型中小企业的特征，政策的着力点应直指要害：一是降用工成本，尤其是员工社保成本。在推广实施新增岗位补贴、在岗培训补贴政策的基础上，探索实施劳动密集型中小企业以社会保险费抵扣企业所得税政策试点。二是增强创新能力，提升价值链地位。引导鼓励劳动密集型中小企业加强技术改造，加大研发投入力度，提高信息化水平，有效提升自主创新能力。

（二）多管齐下，提升中国制造业中小企业国际竞争力

推动中国制造业从单纯成本优势向技术、质量和品牌优势转变，离不开中小企业自主创新能力和高端制造能力的提升。因此，就要有针对性地在扩充融资渠道、加强技术研发、优化创新环境方面重点施治。资金方面，着力于发挥财政资金的杠杆效应，以财政资金撬动社会资本的方式来加大对中小制造企业技术研发的支持力度；技术方面，积极落实研发费用加计扣除等鼓励创新政策，强化与高校、科研机构之间的合作，优势互补，构建制造业技术创新体系；环境方面，大力促进生产性服务业发展，建立先进制造业人才引进、培养和激励机制，建立行业培训平台，优化公平竞争和知识产权保护，为企业营造良好的外部环境。

（三）统一认识，尽快制定中小企业转型升级路线图

战略清晰和落地是关键。明确促转型的目的不仅是停留在保增长层面，更重要的是实现增长方式的转变。通过对我国不同地区不同行业具有代表性的转型升级成功案例的调研，找准切入点，采取有效手段推动中小企业整体从"转地区、转行业"的初级阶段深入到以自主研发和技术创新为支撑点的实质化阶段。尽快研究制定中小企业转型升级路线图，明确转型升级的推进阶段、目标衔接、关键突破口和保障手段，在实施分地域、分阶段、分层次的深化转型战略基础上，确立清晰的转型升级路径。有针对性地引导企业转变竞争战略、发展模式、国际化路线等，走科学管理、创新驱动、集约高效、环境友好的高端发展道路。

中小企业转型升级关键突破口探讨。中小企业转型升级要围绕质量、效率和效益三个核心，立足现存问题，寻找现阶段突破口。

加大税负减免，为转型升级积累物质基础。推动中小企业转型升级要放眼长远，多予少取。当务之急是在现有政策基础上继续加大税费减免力度，降低当期

负担，培养长远利基，为转型升级积累必要的物质基础。

支持技术升级，为转型升级构建技术基础。当前的着力点，一是着力于设备技术改造，提升中小企业基础生产条件，提高加工制造精度和效率，提升生产能效比和产品质量水平；二是大力提升中小企业信息化水平，两化深度融合是最具操作性和实效性的切入点。

依托集群效应，为转型升级提供协同基础。发挥集群的协同效应，依托产业集群发展中小企业能大幅降低转型升级的综合成本，提供更好的转型升级条件，将企业升级与区域产业升级融为一体，降低升级的系统风险。

加强专业服务，为转型升级营造环境基础。依托专业平台，加强中小企业信息、技术、市场等全方位服务。立足中小企业实际，提高服务的针对性。强化落实，协调各政府部门，确保政策落地，优化中小企业转型升级系统环境。

推进行业准入，为转型升级提供市场基础。在加大政府采购支持力度的基础上，进一步营造公平市场环境，打破既有利益格局，放开中小企业行业准入限制，扩大中小企业市场发展空间。当前重点是解决准入"细则不细"的问题，让政策落地。

（四）狠抓落实，提升政策效用，切实为中小企业减负

加强政策执行力是关键。要继续深化落实既有促进中小企业发展的政策，结合各地中小企业发展的特色和困难，中央及地方要积极出台相关配套细化减负政策，提高政策内容的针对性和可操作性，扩大受惠企业范围，找准政策落地抓手。深入研究政策落实环节出现的各种可能问题，加快建立中小企业减负的"一把手工程"和考核监督激励机制。加大清理取消和减免部分涉企收费力度，从源头上避免税费问题的"隐形"与"变形"。探索中小企业减税减费政策绩效评估机制，借鉴欧盟"中小企业测试"制度，运用系统量化手段客观衡量小微企业所承受的税费负担。

专 题 篇

第四章　中小企业政策性金融

一、发展现状

政策性金融是解决中小企业融资缺口的国际通行做法，德国、美国、日本、加拿大、韩国、法国、印度等国家以及我国台湾地区均建立了比较完善的中小企业政策性金融体系，主要形式包括建立中小企业政策性银行、中小企业政策性担保机构、中小企业政策性股权投资基金等，其中以政策性银行为最为典型和起主导作用的方式。相较之下，我国并无完备的面向中小企业的政策性金融安排，缺乏中小企业政策性银行，也缺乏系统的政策性担保体系，仅设立了科技型中小企业创业投资引导基金作为政策性投资基金，但因规模小且服务覆盖面狭窄，作用发挥有限。

（一）现有政策性金融机构的自身业务

当前政策性金融机构主要包括：政策性银行、政策性保险机构、政策性担保机构、政策性股权投资机构等。

1.政策性银行

1994年，我国组建了三家政策性银行，即国家开发银行、中国进出口银行和中国农业发展银行。但是目前我国缺乏专门针对中小企业融资需求的中小企业政策性银行，现有的三大政策性银行结合自身的业务领域和职能定位，不同程度地涉及了中小企业金融服务的相关业务。

（1）国家开发银行

国家开发银行利用自身融资优势与政府组织优势相结合，在解决中小企业融资问题方面进行了有益探索，初步建立了一套有效的融资机制，弥补了制度空白，对促进中小企业发展、扩大城乡就业和社会健康发展具有深远意义。根据国家开发银行公布的数据，2012年国家开发银行推动江苏等地社会金融服务平台建设，创新四川小额银团贷款、河南青年助业贷款、贵州小额扶贫产业化贷款等模式，为中小企业贷款18134亿元，新增中小企业贷款人民币2645亿元，同比增长16.13%，重点支持了制造、农、林、牧、渔等近20个行业，惠及中小企业、个体经营户187万家，创造就业岗位487万个。

（2）中国进出口银行

中国进出口银行并不把中小企业作为业务重点，仅有所涉及。从中国进出口银行所支持的出口产品类型看，机电产品、大型成套设备以及高新技术产品占80%以上；从中国进出口银行所支持的出口企业看，年均出口金额在500万美元以上的国有大中型企业占90%以上；从中国进出口银行所支持的行业看，我国所有的涉外卫星发射服务、90%以上的船舶出口业务以及绝大部分的大型电力设备出口都是由中国进出口银行支持的。

近年来，中国进出口银行逐渐加大了服务外向型中小企业金融扶持力度。截至2010年5月，进出口银行支持文化产业的贷款累计近100亿元，文化产业项目各类贷款余额约33亿元。截至2010年12月9日，中国进出口银行南京分行小企业信贷全年投放量17.04亿元，比2009年增长10.52亿元，投放增速达157.52%。

（3）中国农业发展银行

中国农业发展银行与中小企业相关的业务包括：（1）办理农、林、牧、副、渔业产业化龙头企业和粮棉油加工企业贷款；（2）办理棉花企业技术设备改造贷款；（3）办理农业小企业贷款和农业科技贷款；（4）办理开户企事业单位结算。

中国农业发展银行在支持农业小企业贷款方面力求发挥政策导向作用，2010年农业发展银行下发了《关于做好2010年农业小企业贷款工作的意见》，进一步明确了农业小企业贷款重点支持对象。但是与银行业平均水平和其他两家政策性银行相比，农业发展银行扶持中小企业的贷款规模与增幅均较小。截至2010年末，农业发展银行向农业产业化龙头企业和农产品加工企业贷款余额1665.92亿元，2008至2010年平均增速达15.62%；农业小企业贷款余额85.89亿元，2008年至2010年平均增速仅1.71%。

近年来，孟加拉格莱珉银行在农户小额贷款方面的成功引起了世界金融界的关注，我国各家农村商业银行在各自经营领域内成功开展了相关经营实践，取得了显著成绩。国内外相关经验表明，农业金融发展潜力巨大。我国现代农业和县域经济的发展，必然对金融服务产生旺盛需求。据测算，2006年中国农村1.2亿户贷款需求的满足率只有60%；35173个乡镇中还有2500个乡镇的金融服务空白，占7.1%。

2. 政策性担保／再担保机构

政策性担保／再担保机构是支持中小企业的主导力量。

（1）政策性担保

我国中小企业担保体系最早起步于1992年，自它诞生之日起，就带有浓厚的政府宏观调控的目的及背景。1993年11月，我国诞生了第一家专业担保机构——中国经济技术投资担保有限公司，标志着我国以政府为导向、扶持中小企业融资的机构正式建立。随后，北京、上海、深圳等地先后成立了互助性质及政府性质的中小企业信用担保机构。正是由于担保机构在解决中小企业融资方面的显著作用，我国中小企业信用担保体系在短时期内得以迅猛发展，并成为中国社会经济发展和金融稳定不可或缺的重要力量与制度保障。政策性担保公司，是专门针对中小企业融资而设立的金融机构，是财政投融资扶持中小企业最行之有效的手段。

1999年6月，原国家经贸委发布了《关于建立中小企业信用担保体系试点的指导意见》，该意见对中小企业信用担保体系试点的指导原则、中小企业信用担保体系的构成、中小企业信用担保机构的资金来源、中小企业信用担保机构形式、担保对象和担保种类、中小企业信用担保机构的职能和业务程序及风险控制、内外部监督等进行了规定，该指导意见的颁布成为我国中小企业信用体系建设大规模开始的标志。近年来，我国积极鼓励和支持中小企业信用担保机构发展，截至2010年底，全国已成立中小企业信用担保机构4817家，当年为35.6万户中小企业提供贷款担保1.58万亿元。目前我国信用担保体系呈现以下几个特点：

一是信用担保机构稳步递增。从1999年开始正式发展我国的信用担保机构以来，在中小企业融资越来越难这个大背景下，为了缓解融资压力，各级政府高度重视和大力支持信用担保机构的发展，使得我国的信用担保机构取得了长足的发展，机构数量呈逐年递增的态势，经营的业务种类和担保品种也是百花齐放，各有特色。

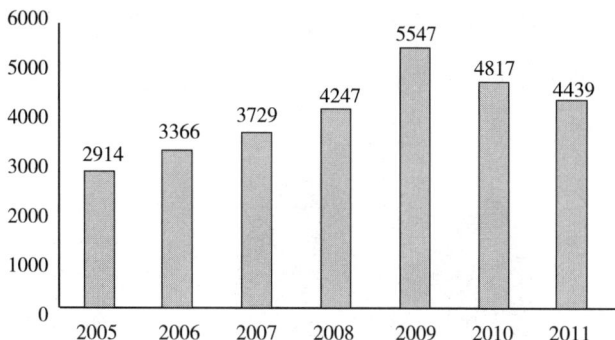

图4-1　2005—2011年中小企业信用担保机构数量（单位：个）

数据来源：赛迪智库中小企业研究所。

二是信用担保的规模逐年扩大。《关于建立中小企业信用担保体系试点的指导意见》指出，信用担保机构的资金来源主要有以下几种途径：由省、市本级财政预算编列的资金；由省、市政府划拨的土地使用权和其他经营性及非经营性国有不动产；社会募集的资金；城市中小企业信用担保机构按规定比例上存的担保保证资金；国内外捐赠以及其他来源。这基本涵盖了我国信息担保机构的资金来源渠道。通过近几年的不断发展，各机构担保资本金的积累也越来越多，但政府资金仍然是其主要来源，约占总额的42.5%。

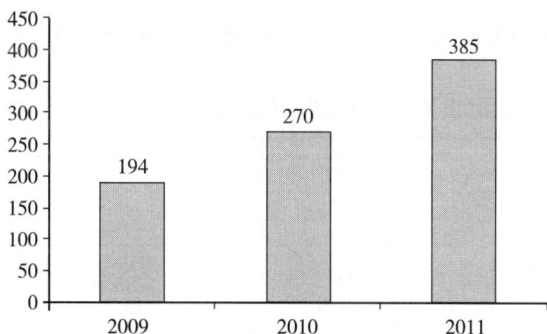

图4-2　2009—2011年中小企业信用担保机构平均单笔担保额（单位：万元）

数据来源：赛迪智库中小企业研究所。

三是担保体系初步形成。从纵向来看，我国所有省份都已建立了信用担保机构，且均按照省级、地市级、县级等三级层次发展，纵向体系已初步形成。从横向来看，担保机构的组织形式也逐渐多元化，但仍以国有出资的担保机构为主。

此外，就担保机构的法人形式而言，以公司法人为主要形式（72%），事业法人（15%）和社团法人（13%）较少。

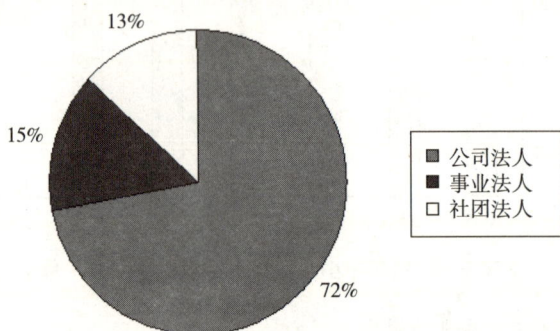

图4-3　2011年中小企业信用担保机构法人结构

数据来源：赛迪智库中小企业研究所。

四是以服务中小企业为主。虽然我国信用担保机构的担保资金规模和业务量迅速扩张，但是仍然明确坚持为中小企业，尤其为小企业提供担保服务。2011年中小企业信用担保机构平均单笔担保额为 385 万元，较 2009 年和 2010 年分别增长 98.5% 和 42.6%。此外，从担保资金的运用上来看，有 70.2% 的担保资金用于担保业务，有 17% 的担保资金用于证券投资、股权投资等高风险投资。

同时，我国的担保政策体系不断完善，相关政策如表 4—1 所示。

表 4-1　中小企业信用担保相关政策

发布时间	法律法规	发布单位
1995	《中华人民共和国担保法》	
1998	《关于外国企业来源于中国境内的担保费所得税务处理问题的通知》（财税字〔1998〕1号）	财政部、国家税务总局
1999	《关于建立中小企业信用担保体系试点的指导意见》（国经贸中小企〔1999〕540号）	国家经贸委
2000	《国务院办公厅转发国家经贸委关于鼓励和促进中小企业发展的若干政策意见的通知》（国办发〔2000〕59号）	国务院
2001	《关于建立全国中小企业信用担保体系有关问题的通知》（国经贸中小企〔2001〕198号）	国家经贸委

（续表）

发布时间	法律法规	发布单位
2003	《关于加强地方财政部门对中小企业信用担保机构财务管理和政策支持若干问题的通知》（财企〔2003〕88号）	财政部
2006	《国务院办公厅转发发展改革委等部门关于加强中小企业信用担保体系建设意见的通知》（国办发〔2006〕90号）	国务院
2006	《国家发展改革委办公厅关于进一步实施跨省区或规模较大的中小企业信用担保机构设立与变更行政许可有关问题的通知》（发改办企业〔2006〕736号）	国家发展和改革委员会
2006	《中国人民银行关于中小企业信用担保体系建设相关金融服务工作的指导意见》（银发〔2006〕451号）	中国人民银行
2007	《财政部国家税务总局关于中小企业信用担保机构有关准备金税前扣除问题的通知》（财税〔2007〕27号）	财政部
2008	《关于小额贷款公司试点的指导意见》（银监发〔2008〕23号）	银监会、中国人民银行
2008	《关于中小企业信用担保体系建设有关工作的通知》（工信部企业〔2008〕187号）	工业和信息化部
2008	《小额担保贷款财政贴息资金管理办法》的通知（财金〔2008〕100号）	财政部、中国人民银行、人力资源社会保障部
2008	《关于村镇银行、贷款公司、农村资金互助社、小额贷款公司有关政策的通知》（银发〔2008〕137号）	银监会、中国人民银行
2008	《关于做好2008年度中小企业信用担保业务补助资金项目申报工作的通知》（财企〔2008〕235号）	财政部、工业和信息化部
2009	《关于进一步明确融资性担保业务监管职责的通知》（国办发〔2009〕7号）	国务院
2009	《财政部国家税务总局关于准备金税前扣除问题的通知》（财税〔2009〕62号）	财政部
2009	《关于2009年度中小商贸企业发展专项资金使用管理有关问题的通知》（财办建〔2009〕72号）	财政部、商务部
2009	《关于中小企业信用担保机构免征营业税有关问题的通知》（工信部联企业〔2009〕114号）	工业和信息化部、国家税务总局
2009	《中小外贸企业融资担保专项资金管理暂行办法》的通知（财企〔2009〕160号）	财政部、商务部
2009	《中小商贸企业发展专项资金管理暂行办法》（财建〔2009〕229号）	财政部、商务部

（续表）

发布时间	法律法规	发布单位
2010	《融资性担保公司管理暂行办法》（2010年第3号）	工业和信息化部等七部委
2010	《关于流通领域市场监管与放心肉服务体系等项目资金申报的通知》（财办建〔2010〕67号）	财政部、商务部
2010	《中小企业信用担保资金管理暂行办法》的通知（财企〔2010〕72号）	财政部、工业和信息化部
2010	《关于做好2010年中小企业发展专项资金项目申报工作的通知》（工信厅联企业〔2010〕93号）	工业和信息化部、财政部
2010	《关于加强中小企业信用担保体系建设工作的意见》（工信部企业〔2010〕225号）	工业和信息化部
2011	《关于开展中小企业信用担保机构信息报送工作的通知》（工信厅企业〔2011〕12号）	工业和信息化部
2011	《关于公布免征营业税中小企业信用担保机构名单有关问题的通知》（工信部联企业〔2011〕68号）	工业和信息化部、国家税务总局
2011	关于做好2011年中小企业发展专项资金项目申报工作的通知（工信厅联企业〔2011〕72号）	工业和信息化部、财政部
2011	《关于做好中小企业发展专项资金项目监督和管理工作的通知》（工信部联企业〔2011〕128号）	工业和信息化部、财政部
2012	《关于规范融资性担保机构客户担保保证金管理的通知》（银发〔2012〕1号）	银监会
2012	《国务院关于进一步支持小型微型企业健康发展的意见》（国发〔2012〕14号）	国务院
2012	《关于中小企业信用担保机构有关准备金企业所得税税前扣除政策的通知》	财政部、国家税务总局

资料来源：赛迪智库中小企业研究所。

（2）政策性再担保

再担保作为一项政府扶持担保行业的政策，同时也是一项政府调节宏观经济的工具，在担保覆盖面较大的情况下，可以起到与调节利率类似的效果：在宏观经济过热的时期，设置较高的再担保费率和较低的再担保比例，抑制中小企业投资；在经济过冷的时期，设置较低的再担保费率和较高的再担保比例，鼓励中小企业投资。

当前，我国担保体系存在担保机构规模较小、资金放大倍数低、潜在风险大等问题。由于我国缺乏有效的再担保体系，担保机构无法从外部分散自己的风险，难以扩大自己的经营能力，难以增强担保行业的公信力，特别是对于银行的公信力，这也极大阻碍了银行和担保机构的进一步合作。因此，建立中小企业信用再担保制度（以下简称"再担保"），为担保机构分散风险和增加信用度，扶持中小企业发展，进而推动经济发展。

对于再担保的操作模式，初期可通过设置准入门槛、监管规则，将资质较差的担保机构排除在再担保体系之外，借此淘汰一部分不务正业的担保机构。对符合条件的担保机构由担保机构自愿决定是否参加再担保。在各方面条件成熟的情况下，对满足基本条件的担保机构应该采用强制性再担保的方式，即这些担保机构的所有业务必须进行强制再担保。目前，我国部分省市已经形成了一些再担保的成功做法与经验，如安徽省开始了"一般保证责任"的再担保，江西省在欧盟的援助下开始了"联合担保方式"的再担保试点，山西省在下岗职工小额贷款担保实践中建立了"一对一"、"上对下"的强制再担保体系合作机制，上海市实行了"市区两级财政分担风险"的再担保，等等。

在我国已建立的省级再担保机构中，出资形式主要有以下几种：1）各级政府财政全额出资（如北京中小企业信用再担保有限责任公司是由北京市财政全额出资）；2）政府财政与当地大型国资控股公司或集团共同出资（如广东省中小企业信用再担保集团由广东省财政和广东粤财投资控股有限公司各出资50%）；3）国有资本联合当地担保机构共同出资（如湖南担保有限公司由湖南省经济信息化委员会、省财政厅下属省中小企业服务中心、湖南财信投资控股有限责任公司、湖南发展投资集团有限公司及湖南经济技术投资担保公司共同出资）；4）国有资本联合当地担保机构以及其他企业和社会募资共同出资（如江苏省信用再担保有限公司由省政府注资16亿元，社会募集14亿元）。

下面，按照再担保体系的资金运作模式不同，将现阶段国内部分地方的典型做法与经验总结如下：

A、江苏再担保模式

江苏省信用再担保有限公司于2009年12月21日成立，首期注册资本30亿元；2010年8月，江苏省政府发布《关于进一步促进中小企业发展的实施意见》，要求以江苏省再担保公司为龙头，建立市、县担保公司共同参与的全省再担保网络体系，江苏省财政先后向省再担保公司出资 18.32 亿元，通过分红让利、转增资本等优惠措施，吸引社会资本。2012 年底，公司实收资本已达 36.32 亿元，社会资本占半壁江山，其中包括吸收民营资本 6 亿元投入再担保。这种方式探索了民营资本进入金融领域的新途径，即既坚持政策导向，又发挥财政引导、融资杠杆作用。

江苏再担保与担保机构差异化经营，不与担保机构争业务，两者实行前台和后台、经营和管理、零售和批发的市场分工。截至 2012 年，江苏省再担保体系合作银行 25 家，银行整体授信超过 1500 亿元。合作担保机构 350 家，占全省融资性担保机构的 45%，实现了市县全覆盖。这种体系采取主办、承办、专办、特办四种再担保业务合作模式。重点发展主办机构，主办机构的业务量占全部再担保规模的 95% 以上。江苏还开发网络版江苏担保——再担保体系综合信息管理系统，为全省 116 家主办机构提供使用，增强了体系合力，提高了服务水平。

B、广东再担保制度

广东省由省担保协会发起成立再担保基金，符合条件的担保机构，按上年末在保余额 1%—2% 认购再担保基金份额，每份 50 万元，按 1:1 原始价认购，每个担保机构认购上限为 1000 万元。再担保基金的首期规模 1 亿元，以后增加规模，按基金净值增值系数，溢价发行。担保机构享有再担保基金投入份额放大 10 倍的再担保代偿授信额度；风险控制能力较强的担保机构，经评定最高可放大到 30 倍的再担保代偿授信额度。其中单个担保项目可享有代偿额 10% 到 70% 的再担保代偿资金支持。

广东再担保思路主要是从提升代偿能力入手来提升担保机构的担保能力。但这种模式不能直接影响银行对担保机构的授信，对担保机构的增信效果不明显。同时，由于其"再担保代偿"资金滞后于担保机构的实际代偿，不能解决担保机构的流动性风险问题。

C、东北再担保制度

东北再担保采取"政策性导向、市场化运作、公司化管理"的运行模式，主要由辽宁、吉林、黑龙江、内蒙古自治区、大连市等政府，以及开发性金融机构、商业银行以及市场信用中介机构共同出资组建，为出资人，并建立"两级代偿，一级补偿"的代偿补偿机制，包括公司首期注册资本金 30 亿元人民币，以中央财政、地方政府、再担保公司出现代偿时，首先使用风险准备金进行代偿，如果利用风险准备金不能满足代偿时，动用部分资本金暂时给予代偿。再担保业务包括授信再担保、增信再担保和联保再担保等三个方面。

东北再担保的方案有其独到的特点：在增信方面，可以在一定程度上提高担保机构信用等级，但是方案中没有明确不同信用级别担保机构量化增信的具体额度；在风险防范方面，采取与担保机构比例代偿和比例赔偿的模式，一定程度上实现了分散担保机构担保风险的目的，但是没有明确系统风险如何防范和处置；另外，采取与担保机构比例代偿和比例赔偿的方式，表面上实现了分散风险的目的，但是对担保机构可能带来一些消极的影响，如道德风险、骗取代偿和赔偿等问题。

D、北京再担保制度

北京中小企业信用再担保有限公司于 2008 年 11 月 16 日正式设立，成为全国首家省级财政出资设立的中小企业信用再担保机构，也是全国最大规模的再担保机构。

公司主要为中小企业信用担保机构提供增信和分险服务，资本金为 15 亿元，首期规模 5 亿元，由北京市国资公司承担政府出资人代表职责，北京市财政为其建立资本金补充和代偿补偿机制。截止到目前，其再担保业务实现了对北京市政策性担保机构以及中小企业担保业务较为活跃的民营担保机构的全覆盖，服务范围遍及北京市区及各远郊区县。

目前，北京市再担保公司与担保公司在风险共担的过程中，一般以 5:5 的比例共同承担风险，视情况也可达到 30%—70% 的再担保比例。对于纳入再担保体系的重点合作担保机构，平均担保放大倍数由 2009 年的 4.2 倍提高到 2011 年的 7.56 倍。

北京市再担保有限公司的经营特点在于：（1）集中资源用于中小企业融资服务平台建设，与政府政策有效对接，自主开发了一批规模化的中小企业批发性融资产品；（2）联合相关机构推出集合债券、集合票据、集合信托、融资租赁等金融工具应用于中小企业融资领域，开拓了中小企业融资渠道。

E、安徽再担保制度

安徽是较早开展再担保的省份，采取再担保、资金合作、股权投资、共同设立担保基金等四种方式开展全省担保体系建设，再担保机构按照担保机构担保费收入的 10% 收取再担保费，其中的 50% 用于对担保机构的培训和管理。

安徽再担保模式通过解决担保机构终极风险来提升担保机构信用，操作性比较强，银行的认可度也比较高。但是也存在一些需要完善的地方：一是对担保机构增信不可量化的问题。由于没有三方协议，安徽担保集团在开展担保业务的同时，再担保实际上是它的一个担保产品，虽然收费不高，但是要不断地向银行做营销，花费大量精力。二是再担保机构同时开展担保和再担保业务，担保风险与再担保风险没有隔离，一旦发生较大的担保风险，会影响到再担保的信用。

3. 政策性股权投资基金

政策性股权投资基金包括科技型中小企业创业投资引导基金、中小企业发展基金、新兴产业创投计划等。其中，科技型中小企业创业投资引导基金是最具代表性的部分。

作为创业投资领域的主体之一，政府的作用是极其重要的，政府不仅应充分发挥其宏观指导与调控的职能，保障创业投资良好的外部环境，为创业投资提供政策、法律上的支持，而且要直接参与资本的进入，完善市场体系，做好创业投资的监管，规范投资行为。

近年来，政府在创业投资领域的角色在发生转变——由直接投资者转变为间接投资者，不再直接投资设立创业投资公司，而是设立政府引导基金，引导更多的资金进入创业投资领域，进而引导这些资金的投资方向。创业投资是高风险和权利义务高度不对称的投资活动，一般投资者对其望而生畏，单纯依靠市场配置创业资本往往面临市场失灵问题，因此需要政府发挥"引导"作用。另一方面，大部分创业企业在创业初期都缺乏资金，尝试通过各种方式向创业投资者以入股等方式筹集基金，但是由于创业企业规模不大，前景不明朗带来的风险性很高，致使一些创业投资分外谨慎，因而政府建立创业投资引导基金，为企业有效获得创业投资提供了"辅助"作用。

所谓政府引导基金，是指由政府设立并按市场化方式运作的政策性基金，主要通过扶持创业投资企业发展，引导社会资金进入创业投资领域。这一定义包含三层含义：一是引导基金是不以营利为目的的政策性基金，而非商业性基金。二是引导基金发挥引导作用的机制是"主要通过扶持创业投资企业发展，引导社会资金进入创业投资领域"，而非直接从事创业投资。三是引导基金按市场化的有偿方式运作，而非通过拨款、贴息或风险补贴式的无偿方式运作。所谓"市场化运作"包括两方面内容：一是引导基金在选择扶持对象时应由引导基金管理机构根据市场状况，综合考虑风险、收益和政策目标等多方面因素来确定。二是引导基金在使用方式上，主要应当体现"有偿使用"原则，以利于所扶持创投企业强化财务约束机制。

政府设立引导基金的宗旨主要是为了发挥财政资金的杠杆放大效应，增加创业投资资本的供给，克服单纯通过市场配置创业投资资本的市场失灵问题。特别是通过鼓励创业投资企业投资处于种子期、起步期等创业早期的企业，弥补一般创业投资企业主要投资于成长期、成熟期和重建企业的不足。这实际上要求引导基金在两个层面发挥引导作用：一是引导社会资金设立创业投资子基金；二是引导所扶持创业投资子基金增加对创业早期企业的投资。

1999年至2000年间，各地政府纷纷发起设立创业投资公司，但由于受互联网泡沫破灭的打击，整个创投业陷入低谷。2005年，中央十部委发布的《创业投资企业管理暂行办法》给整个创投业带来了新气象。该办法明确规定，国家和地方政府可以设立创业投资引导基金，引导民间资金进入创投业。在国家政策的强势推动下，我国的政府引导基金发展得如火如荼。

表4-2　政府引导基金相关政策列表

法律法规	发布时间	发布单位	政策要点
《创业投资企业管理暂行办法》	2005-11-15	十部委	规定国家与地方政府可以设立创业投资引导基金，通过参股和提供融资担保等方式扶持创业投资企业的设立与发展。
《财政部国家税务总局关于促进创业投资企业发展有关税收政策的通知》	2007-2-7	财政部、国家税务总局	规定创业投资企业采取股权投资方式投资于未上市中小高新技术企业2年以上（含2年)，凡符合条件的，可按其对中小高新技术企业投资额的70%抵扣该创业投资企业的应纳税所得额。
《科技型中小企业创业投资引导基金管理暂行办法》	2007-7-6	科技部、财政部	规定引导基金通过引导创业投资行为，支持初创期科技型中小企业的创业和技术创新。其中创业投资引导基金阶段参股方式的启动对科技金融创新具有非常重要的示范意义。
《关于创业投资引导基金规范设立与运作的指导意见》	2008-10-18	国家发改委、财政部、商务部	从七个大的方面明确了引导基金设立的性质和宗旨，设立和资金的来源，运作原则和方式，它的管理以及对引导基金的监管和引导，对政府引导基金方方面面的问题都做出的规范性的意见，确立了政府引导基金组织和设立的一个法律基础。

资料来源：赛迪智库中小企业研究所。

根据上述法规条例，国家和地方政府可以设立引导基金并引导民资和外资进入创业投资行业，尤其是随着国内资本市场的复苏、中小板的逐步壮大和创业板的推出，由地方政府设立引导基金的热潮逐步席卷全国，各省、市、自治区分别制定出台了适合本地的政府创业投资引导基金设立方案。

北京、重庆、成都、深圳、天津等投资资本云集的一线大城市的政府引导基金发展一路高歌猛进，民间企业与产业园区云集的一些二线城市也先后跟进创立政府引导基金扶持当地经济发展，政府引导基金将成为创业投资产业和中小企业发展的全新平台。2009年10月30日，国家发改委、财政部与北京、上海、深圳、重庆、安徽、湖南、吉林七省市人民政府联合设立创业投资基金，推出首批20支创投基金进行试点，总募集资金量90亿元，其中中央政府注资10亿、地方政府10亿、社会募集70亿。

政府引导基金是按政府产业政策对符合优先鼓励发展的技术创新和高技术项目给予相应支持的重要渠道。虽然全球各国或地区创业投资引导基金在运作上各有特点，但主要采用参股支持和融资担保两大运作模式。

一是参股支持模式。参股是引导基金运作的最基本的业务模式，是我国政府引导基金采取的主要运作模式。所谓参股就是指由政府出资组建母基金，母基金以参股方式与社会资本共同发起组建子基金，即创业投资企业。由母基金作为引导基金，和具有较强管理经验及投资能力的创业投资企业合作，吸引大量社会资金的投入以共同组建创业投资子基金来支持创业投资发展。母基金承担出资义务，参与基金运作，负责与其他出资人共同确定子基金管理团队和基金运作规则，确保子基金投资于政府规划中重点产业的创业企业，但具体投资决策完全由子基金的管理团队自由决策，最终以出售基金的形式实现退出。

这种模式能够很好地发挥政府资金的放大效应，提高公共资金的使用效率，促进创业投资市场的繁荣。以色列、澳大利亚、英国、新西兰、新加坡等国家及中国台湾地区是成功采取该种模式的典范。

二是融资担保模式。融资担保方式适合于信用体系健全的国家和地区。所谓融资担保是指政府引导基金为已设立的创业投资企业提供担保，支持其通过债权融资增强投资能力。一般政府引导基金以货币形式向创业投资企业提供信用担保，按照商业准则，创业投资企业应将其股权作为反担保或作为质押提供给政府引导基金，对政府引导基金的货币资本亏损承担责任。美国和德国是成功采取该种模式的典范。

除以上两种模式外，有的政府引导基金还根据自身的实际情况采取了跟进投资、阶段参股、风险补助以及投资保障等其它形式。其中阶段参股、跟进投资属于股权投资，风险补助和投资保障属于无偿资助。

纵观我国引导基金的区域分布，可以看到在经济发达的东部地区引导基金的设立较多，而中、西部经济欠发达地区设立的引导基金较少。另外，从政府引导基金的规模来看，10亿元人民币是目前政府引导基金的普遍规模，推算分散到每个子基金平均仅有4000万—5000万元，对于一个大牌创投及私募股权投资机构来说资金量太少，吸引力不足。

政府引导基金的建立旨在引导社会资本进入到那些商业性资金不愿进入的、具有高风险、高成长性的高新技术领域，引导创业投资企业投资处于种子期和起步期的企业。从长远来看，政府资本以引导基金的形式参与创业投资，应当只是一种发展创业投资过程中的过渡形式，政府资本在创业投资进入良性运作之后应考虑逐步地缩小其所占比例，甚至是全部退出那些具有市场竞争性的产业领域。政府作为创业投资的一个参与主体，其主要作用应该着力于创造有利于创业投资业发展的外部环境，比如采取税收优惠计划以降低创业资本的获得成本、提高创业投资的平均收益率水平；加强并规范财务信息披露，增加创业企业的信息透明度；建立创业投资损失补偿计划，以激励投资者更为积极地参与创业投资活动；建立起有效的创业资本退出机制，以增加创业资本的流动性等，从而推动创业投资的健康、良性发展。

（二）政策性金融与商业性金融的合作业务

政策性金融机构具有政策导向性，它以直接的资金投放或间接地吸引其他金融机构从事符合政策意图的放款，来发挥其提倡、引导以及扩张的功能。主要包括政策性银行与商业性金融机构合作、政策性股权投资基金与创投机构的合作等。

1. 政策性银行与商业性金融机构的合作业务

（1）国家开发银行

除了自身直接增进对中小企业的融资服务外，国家开发银行通过设立中小企业金融服务机构或与中小金融机构合作的方式，利用中小金融机构的地缘优势和客户关系网络，对中小企业融资提供间接支持，并取得了良好效果。截至2010

年末，国家开发银行与全国 1431 家投融资公司、中小商业银行、担保公司、小额贷款公司等机构签订合作协议并实现业务运行。

A、与中小商业银行合作服务中小企业

国家开发银行自 2005 年 12 月联合世界银行、德国复兴信贷银行等国际机构，启动了"中国商业可持续性小微企业贷款融资项目"。此微贷项目通过与地方商业银行合作的方式开展，国家开发银行向地方商业银行提供资金(转贷款)和技术，由合作的地方商业银行直接参与贷款核心操作，国家开发银行经常性的对地方商业银行进行跟踪和访察。截至 2010 年 3 月底，国家开发银行分别与多个地区的 12 家地方商业银行签订了合作协议，以包商银行和台州市商业银行为例，截至 2010 年 6 月末，这两家银行累计发放微贷款已达 11.5 万笔，金额超过 110 亿元，微贷款信贷员 631 人，开办微贷款业务的支行 58 家。国家开发银行对地方商业银行信贷资金和信贷技术的支持扩大了合作银行贷款支持的范围，促进了当地草根经济的发展。

B、设立村镇银行扶持当地中小企业

截至 2010 年末，国家开发银行共出资设立 8 家国家开发银行村镇银行，其中 2010 年新设的龙口国开南山村镇银行也是目前国家开发银行设立的注册资本规模最大的村镇银行。截至 2010 年末，8 家村镇银行总资产达 32.14 亿元，比 2009 年增长 151.09%，累计发放涉农贷款 13.86 亿元，受益农户近 6 万户，有力推动了农村和县域经济社会的发展。

国家开发银行村镇银行结合了当地特点，为当地的个人经营性贷款、中小企业融资提供了渠道。如内蒙古达拉特旗国开村镇银行针对当地青年创业群体创业融资难的实际情况，积极开展青年创业贷款、农民工创业贷款；湖北宜城国开村镇银行积极搭建信贷平台，创新发展农户联保、商户联保以及银政农、银社农、银企农、银保农等多种行之有效的贷款模式。

C、与担保平台合作发放中小企业贷款

2004 年到 2010 年 11 月，国家开发银行累计向全国各地 192 家担保公司提供 118.8 亿元资金，促进建立全国中小企业信用担保体系，为 13 家中小企业担保公司提供信用再担保额度 20 多亿元；此外，2010 年国家开发银行开发了"担保公司抱团增信"产品，即由国家开发银行选择的多家担保公司和政府共同出资组成风险准备金，增加担保机构信用能力，为国家开发银行中小企业授信提供担保。如国家开发银行浙江分行与浙江省信用与担保协会合作，选择 10 多家小担保公司组成联合担保的信用共同体，设立浙江中小企业发展促进中心，建立中小企业成长贷款融资平台；截至 2010 年末，该模式贷款余额 7.39 亿元，贷款对象遍布省内全部 11 个地市，已有 865 家中小企业获得了国家开发银行的支持，比 2010 年的 300 家增长近三倍。

D、注资小额贷款公司共同支持中小企业

2010 年，与小额贷款公司的合作成为国家开发银行间接支持中小企业融资的重要渠道。截至 2010 年 9 月底，国家开发银行在全国 23 省份与 142 家小贷公司建立了业务合作关系并实现贷款发放，累计发放表内外贷款 72.9 亿元，贷款余额 52.6 亿元。截至 2010 年末，国家开发银行以"资金 + 技术 +IT"模式支持了 274 家小额贷款公司，累计培训 1900 多名小额贷款公司业务人员。如，截至 2010 年 10 月底，国家开发银行江苏省分行已与全省 1/3 的小额贷款公司建立合作关系，累计发放贷款 21.71 亿元，累计支持中小企业 100 多家，近万名个体工商户与农户受益；国家开发银行宁夏回族自治区分行对宁夏盐池县小贷公司批发资金，并由小贷公司组建一条社会化组织链条给农业中小企业发放贷款。截至 2010 年 6 月，小额信贷支持户数增加到 5785 户，覆盖全县 8 个乡镇 72 个行政村，贷款余额增加到了 3502 万元。作为专门服务中小企业的融资机构，小额贷款公司一直面临资金来源紧张的困境，国家开发银行对小额贷款公司的批发注资，是国家开发银行将自身资金优势与小额贷款公司地缘优势相结合的探索，是有效解决中小企业融资难题的新进展。

（2）中国进出口银行

中国进出口银行注重服务方式多样化，取得了明显进展。2010 年 6 月，中国进出口银行浙江省分行与浙江浙大网新集团有限公司、浙江金桥控股集团有限公司和浙江省科技风险投资有限公司达成四方合作，把政策性金融与科技龙头企业、担保公司、风险投资公司有机结合，搭建了中小企业科技金融创新服务平台，为浙江省外向型、科技型中小企业及相关产业集群提供综合性服务和支持。

2010 年，中国进出口银行南京分行在苏州、泰州、常州试点推出"自借统保"中小企业贷款模式，由地方政府专门成立担保公司，为在进出口银行融资的中小企业提供担保。截至 2010 年 9 月，已为 60 家中小企业提供 10 亿元贷款。同时，中国进出口银行利用优惠利率发挥政策性导向功能，累计为企业节省财务费用达

1350万元。

（3）农业发展银行

虽然农业发展银行中小企业贷款规模和贷款增幅较小，但是农业发展银行注重结合地方产业特色，着重开发和支持重点产业链企业，加强对当地重点领域小企业贷款支持的导向，并且与商业金融机构强化合作关系。

截至2010年末，农业发展很行湖北省分行农业小企业贷款余额6.48亿元，服务小企业客户205家，创造就业机会4452个，带动农户年均增收3800多元。除了传统的贷款担保方式，还积极开展了金融创新探索，如权利质押（林权、股权），推进政府主导、财政专项基金扶持、专业担保机构担保的联合增信。

2. 政策性股权投资基金与创投机构的合作业务

创投机构在选择合作政府引导基金时，除对当地投资资源的数量和质量的判断外，最为关心的就是与当地政府引导基金合作的条件。下面将从基金合作设立、基金的投资与使用以及退出三个方面，对国内较大的典型政府引导基金的合作条件进行梳理和分析。

（1）设立条件比较

对比各地政府引导基金选择合作创投设立子基金的条件，可以看到：北京海淀区创投基金、北京市中小企业创投引导基金、陕西省引导基金、山东省引导基金以及浙江省引导基金的合作设立条件相似，其中浙江省引导基金的要求较高，规定实收资本或出资额不低于1.00亿元人民币。除此之外，上海浦东新区引导基金的侧重点为海外经验、天津滨海新区引导基金则更重视本土经验，而重庆市引导基金则希望合作的创投子基金能够投资于本地,扶持当地高新技术企业发展。

表4-3　主要政府引导基金设立条件比较

基金名称	成立时间	基金规模（千万元）	合作机构要求
北京市海淀区创业投资引导基金	2006.9	5	1.实收资本≥5000万元，首期出资≥2000万元，货币形式出资；2.有明确的投资领域；3.至少有3名5年以上创投或相关经验的专职高级管理人员；4.中小企业成功投资案例数≥3，投资所形成的股权年平均收益率≥该行业市场平均收益率。
北京市中小企业创业投资引导基金	2008.7	8	1.实收资本≥5000万元，货币形式出资；2.有明确的投资领域；3.至少有3名5年以上创投或相关经验的专职高级管理人员；4.中小企业成功投资案例数≥3，即股权年平均收益率≥20%，或股权转让收入≥投资20%。

（续表）

基金名称	成立时间	基金规模（千万元）	合作机构要求
上海浦东新区创业风险投资引导基金	2006.1	10	以创业投资为主营业务，具有较强管理团队和资金募集能力，具有在海外管理创业风险投资基金的成功经验，在相关产业领域取得过优良管理业绩，在国内外有一定的知名度和影响度，无任何不良记录。
天津滨海新区创业风险投资引导基金	2007.12	20	1.管理团队核心成员≥3人，1人以上是熟悉中国本地市场的海内外华人；2.管理团队成员具有良好的信用记录，5年以上直接投资经验，1人以上担任过国内外知名创业投资企业的主要负责人，具有资深的行业背景；3.基金管理团队职业投资经理人投资经历总和≥20年；4.管理团队有明确的投资战略和优势的行业资源，并有与拟资基金规模相匹配的、具有较强投资增值及退出潜力的具体项目作支撑；5.引导基金投入单个商业基金的规模≤引导基金注册资本的10%；6.投入商业基金的比例≤商业基金注册资本的20%；7.商业基金规模≥2亿元；8.商业基金存续期≤7年，投资期≤3年。
重庆市科技创业风险投资引导基金	2008.8	10	1.引导基金在投资基金中的股权比例原则上控制在20%左右；2.投资基金存续期一般不超过10年；3.投资基金在重庆市内注册，按专业化、市场化方式管理和运作，主要投资于重庆市内的信息技术、生物医药、新材料、装备制造、新能源、环境保护等领域的科技成果转化、高新技术产业化项目和创新型科技企业。
浙江省创业风险投资引导基金	2009.3	5	1.实收资本或出资额≥1亿元，或者出资人首期出资≥3000万元，且承诺在注册后5年内出资总额达到1亿元以上，货币形式出资；2.中小企业成功投资案例数≥3，即股权年平均收益率≥15%，或股权转让收入≥原始投资额20%；投资累计5000万元以上；3.至少有3名具备5年以上创业投资或相关业务经验的专职高级管理人员。
山东省省级创业投资引导基金	2009.7	10	1.实收资本≥5000万元，或者首期实收资本≥3000万元，且全体投资者承诺在注册后的3年内补足不低于5000万元，货币形式出资。2.投资领域明确；3.至少配备3名具有5年以上创投或相关经验的高级管理人员，且业绩良好；4.其管理团队成员、主发起人或自身有对中小企业投资的成功案例。

资料来源：赛迪智库中小企业研究所。

（2）投资及使用条件比较

对比各地政府引导基金在投资及使用方面的要求可以看到：首先，各地引导基金的参股比例均在20%—35%之间，立足于引导社会资本，放大政府资金效用。

另外，各地政府引导基金对于被投基金投资对象也各有侧重，上海和天津的出发点为行业，即以投资于重点扶持产业为重心，以帮助产业快速成长；浙江和山东的出发点则是投资阶段，即以扶持处于初创期及成长期的高新技术中小企业为重心。

（3）我国主要政府引导基金与创投机构的合作现状

我国主要政府引导基金与创投机构的合作状况，如表4—4所示。

表4-4　主要政府引导基金与创投机构合作情况一览表

引导基金	运营机构	成立时间	基金规模（千万元）	合作机构VC	子基金	子基金组织形式
北京市海淀区创业投资引导基金	北京中海投资管理公司	2006.9	—	北极光启迪创投深创投	—	—
北京市中小企业创业投资引导基金	北京市经信委	2008.7	10.5	启迪创投深创投银河投资晨光创投汉世纪创投达晨创投等	9支	有限责任公司制
上海浦东新区创业风险投资引导基金	上海浦东科技投资有限公司	2006.1	＞100	德丰杰龙脉戈壁投资百奥维达美国沪亚国际华威国际台湾中华开发联想投资等	DFJ Dragon Fund China L.P.张江生物医药孵化创新基金张江汉世纪创投有限公司Bioveda Fund II联想创投基金CID创投基金等	公司制、中外合作非法人制、有限合伙制
天津滨海新区创业风险投资引导基金	天津滨海新区创业风险投资引导基金有限公司	2007.12	47	美国博乐软银赛富德丰杰国科瑞华	博乐生命科技创投基金赛富滨海成长创投基金德丰杰滨海创投基金国科瑞华创投基金等	—

（续表）

引导基金	运营机构	成立时间	基金规模（千万元）	合作机构VC	子基金	子基金组织形式
浙江省创业风险投资引导基金	浙江省创业投资引导基金管理公司	2009.3	6	赛伯乐 欧源资本 天堂硅谷	赛康基金 合胜基金 海洋基金	–
山东省省级创业投资引导基金	山东省鲁信投资控股集团有限公司	2009.7	12.1	山东银团创投 山东省科技创投 日照科技创投 淄博齐鲁创投 济南科技风投 洛克利创投 青岛知灼创投 山东昌润创投 山东泰山创投 滨州高新创投	山东科创等	有限责任公司制

资料来源：赛迪智库中小企业研究所。

二、存在问题

中小企业融资难是一个普遍存在、严重制约中小企业发展的全球性问题。世界各国和地区的发展经验说明，在解决中小企业融资难题当中，政府应该切实采取措施通过政策性金融体系促进中小企业发展。基于我国政策性金融发展现状的分析，本研究认为虽然我国政策性金融体系促进我国中小企业发展方面已进行了积极的探索，取得了明显的进展，但总的看还存在较大欠缺，无论是规模还是结构上尚难以有效满足我国中小企业发展的金融服务需求，主要表现在以下方面：

（一）面向中小企业的政策性金融制度安排不健全

现阶段我国主要的中小企业融资体系包括商业银行贷款、政策性银行贷款、信用担保再担保、创业投资基金、民间借贷等方面，但从状况分析，政策性金融仅占中小企业融资渠道的很小比例，贡献度偏低。究其原因，改革开放以来我国在探索建立面向中小企业的政策性金融制度安排上缺乏顶层设计和总体安排，推进力度不足，发展步伐显得滞后。

2010 年以来,我国金融政策环境趋紧,信贷资源的结构性失衡问题更为突出,大量小企业面临资金链随时断裂的风险,同时却又借贷无门,如何有效研究与破解中小企业信贷融资困局已成为社会各界关注的焦点。由于面向中小企业的政策性金融发挥作用有限,与国际平均水平相比,我国中小企业信贷融资难问题更加严峻,信贷资源的结构性失衡问题在我国表现得更为突出。相关统计表明,在过去十年间,国有银行 80% 以上的信贷资金投向了大企业,而中小企业的贷款满足率不到 30%,这就造成了我国企业信贷融资中的两极分化现象,产生一系列严重的经济和社会问题,如民间高利贷猖獗与浙江吴英非法集资案等。

(二)政策性金融与商业性金融机构合作机制不完善

一是从商业银行来看。大多数中小企业对贷款需求具有"急、频、少、险"等特点,即流动资金贷款需求紧迫、贷款频率高、资金需求额度少、项目风险较大等。当前金融机构对于中小企业贷款的管理制度和程序(如办理周期长、审批慢、门槛高等)难以适应中小企业需求特点。国有商业银行从节约成本费用和控制风险的角度出发,不愿意与中小企业打交道,造成了"规模性歧视",增加了中小企业贷款的难度和负担。2007 年 12 月末,国内金融机构本外币各项贷款余额为 27.77 万亿元,但中小企业的贷款规模仅占银行信贷总额的 8% 左右,这与中小企业在国民经济中的地位极不相称。以宣称重点支持中小企业的城市商业银行、城市信用社和中国民生银行等股份制商业银行为例,据测算三家总资产占全部金融机构的比重约为 15%,总贷款仅占全部金融机构贷款的 16% 左右,并且其贷款比重的很大部分投向了大中型企业。

二是从政策性银行来看。国家开发银行、中国进出口银行和农业发展银行三家政策性银行在自身业务范围内,加强与商业金融机构合作,推进了中小企业金融服务。但是客观来看,三家政策性银行在我国金融体系所占比重较低,在引导商业金融机构加强中小企业金融服务上带动能力有限,难以满足广大中小企业迫切的金融服务需求。

三是从担保机构来看。目前,我国中小企业融资担保机构没有形成良好有效的风险分散机制。现阶段,我国担保机构发生担保业务,大多承担担保金额 100% 风险,甚至有的还承担所有利息风险。为了规避风险,银行不仅不承担任何风险,还需要担保公司提供担保金额 20% 左右保证金。银行不但没有帮助担保公司分担风险，还造成了担保公司额外负担。这使担保机构的风险过度集中，再加上为中小企业融资本来就是国际公认的高风险行业，万一出现代偿，则使担保机构完全处于不利局面。在西方发达国家，成熟的担保机构只承担 60%—80% 风险，银行或其他担保机构与之共同承担风险，共同审核项目。

（三）尚未建立长效稳定的资金来源和补偿机制

一是从政策性银行来看。我国在 1994 年建立三大政策性银行时，政府将其资金来源界定为资本金、财政拨款、向商业银行发行金融债等。而国外政策性金融机构通过联邦政府出资、政府专项基金、财政据传周转金等多渠道筹资。从我国目前政策性银行的资金来源看，普遍存在资金筹资渠道单一、市场化筹资机制匮乏、筹资成本较高的问题。如面向市场发行金融债券是国家开发银行筹集资金的主要渠道，占其总负债的比例高达年均 85% 左右。单一过度依赖发行债券筹资的方式增加了国家开发银行的经营风险，也难以更好地履行肩负的政策性金融职责。

二是从担保机构来看。目前，我国政府为主体设立的扶持中小企业发展的担保机构都是政策性兼具金融性担保机构，资本金来源主要是政府出资或政府信用募集资金。设立的目的是为了扶持中小企业发展，并不是以盈利为目的。而中小企业融资具有高风险低收益的特点，有可能出现企业无法偿还资金，造成担保机构损失。减少担保机构资本金，则直接影响接下来的担保能力。所以政策性的担保机构不能单纯考虑其收益，最终目的是长久扶持特定中小企业发展。单纯依靠政府一次性出资不能长久解决担保机构资金问题，必须建立相应合理的补偿机制，才能保证担保机构长期运作。目前，政府没有形成专门有效，并且稳定的补偿机制和资金来源。

三是从股权投资基金来看。政府引导基金的资金来源缺少持续性，基金资金主要来自中央和地方政府的财政资金，由于缺少成功经验，大部分政府在设立引导基金的时候多抱有尝试的心态，没有对基金的未来资金来源做出明确的规划，以至政府引导基金的资金来源缺少持续性。特别是当前各级政府设立的创业投资引导基金规模偏小，数量不足，所发挥的引导带动作用具有较大局限性。

（四）中小企业信用担保再担保体系不健全

一是政策性担保所占比重过低，再担保体系不完善。根据工信部专门针对中小企业信用担保机构进行的统计，2011 年我国国有及国有控股中小企业信用担保机构共计 1072 家，占中小企业信用担保机构的 24.15%，实收资本 1380 亿元，占中小信用担保机构实收资本的 30%，不足三分之一。与国外情况相反，我国民营及外资控股担保机构构成了我国中小企业信用担保的主体。可以看出，目前我国中小企业政策性信用担保机构的数量及规模都显不足，在行业中所占比例过低，亟待未来加快发展步伐，才能更好地满足中小企业的融资需求。我国目前只有 14 个省市区建立了再担保机制，还未建立国家层面的再担保机制和体系。

二是担保资金放大倍数不足。发达国家担保机构担保资金平均放大倍数均在 10 倍以上，日本、美国、韩国法定放大倍数分别为 60、50 和 20，日本实际操作的杠杆已达 20 倍左右，韩国也在 10 倍左右。我国的法定担保机构放大倍数为 10 倍，但实际情况是全国中小企业担保机构担保资金平均放大倍数一直在 3 倍左右，远未充分利用 10 倍以下的政策许可范围。虽然现阶段我国中小企业信用担保规模在逐渐扩大，但 3 倍左右的资金放大倍数明显使担保机构资金增信的杠杆作用并没有得到充分释放，因此对于缓解我国中小企业信贷资金紧缺而言，信用担保行业仍有巨大潜力有待发掘。

三是"银—担"风险分担机制不健全。在国际上，担保机构一般只承担 80% 左右的贷款违约责任，其余风险则由合作的贷款银行进行承担。而由于目前我国信用担保机构过于弱小和分散，导致其在与银行的合作博弈中明显处于不利地位，二者之间风险分担机制严重失衡，风险基本上全部由担保机构承担。商业银行以盈利为目的，一方面要求担保机构上交较高的保证金比例，制约了担保公司业务的开展；另一方面为了规避信贷风险，又要求担保机构实行本息和费用全额担保，从而完全将风险转嫁给担保机构，这使得担保风险过度集中于担保机构，不利于合作共赢与良性发展。

四是信用担保行业监管制度尚不完善。当前，部分融资性担保公司的核心业务已不再是融资性担保，而是在账外挪用客户保证金，甚至利用关联企业套取银行信贷资金用于高息放贷和高风险投资。例如 2012 年上半年暴露出的中担、华鼎、创富等担保公司案例，就是因为违规经营行为导致资金链断裂形成较大金融风险损失。甚至少数担保企业更以担保公司为名，对外非法吸收存款，将对外放高利贷作为主业，把担保作副业。

除此之外，还存在部分民营担保公司名不副实的现象，因其看重的是国家对担保公司的政策补贴，而不是担保行业本身。由于在争夺优质中小企业过程，经常采用降低担保费率、减少审批环节等手段，致使担保企业的生存空间受到严重挤压。因此针对部分融资性担保机构存在自身经营管理不规范、内部风险控制机制欠缺等问题，建议行业主管部门尽快建立和完善系统的行业监管制度。

三、对策建议

要建立以促进中小企业发展为宗旨的政策性金融体系，应从我国实际出发，针对我国中小企业发展现状和存在的融资缺口，系统筹划、分步建立、逐步完善。

（一）加强政策性金融支持中小企业的制度设计

第一，政策性金融体系建设应依法进行、有法可依，先应完善政策框架和制度保障。细化落实《中小企业促进法》相对原则性和纲领化的条文，把成立中小企业政策性银行（或小微企业政策性银行，下同）写入《中小企业促进法》，或在《中小企业促进法》第十五条中对现有的对国家政策性金融机构为中小企业提供金融服务的要求作出更细致明确的规定。同时，制定更为具体和可操作的单项配套法律法规，如《中小企业融资法》、《中小企业投资促进法》和《中小金融机构管理办法》等，针对支持中小企业发展的目标完善政策性金融制度体系。对已有政策性金融政策应关注其落实程度，充分评估其实效性，增强其可操作性，及时补充修订有关条款。

第二，建立多元化、多层次的支持中小企业的政策性金融体系。成立国家中小企业银行或指定现有政策性银行承担相应的支持中小企业融资的职责；要求中国出口信用保险公司扩大对中小企业的融资服务支持，开发更多的融资保险品种，出台鼓励大型商业保险机构开展中小企业融资保险的政策措施，通过政策支持，引导商业性保险机构创新中小企业贷款保证保险、内贸信用保险和短期出口信用保险等业务；加快建立国家级政策性再担保机构，完善中小企业信用担保再担保体系。同时，要专门出台针对各类政策性金融机构支持中小企业的相关财政、税收等优惠政策。落实财政资金注入和补充机制，给予相应的特殊制度安排。

第三，针对支持中小企业的政策性金融加强政策监管与风险防控。主管部门应加大监管力度，协调各部门、各地方建立健全监管体系，切实履行监管责任。要根据政策性金融机构的特定业务，建立相应的风险防范和控制机制，强化对相应金融风险的管理和评估制度。

（二）优化政策性金融支持中小企业的现有体系

1. 研究建立中小企业政策性银行

国际经验表明，中小企业政策性金融体系是一个以中小企业政策性贷款机构为核心，并且涉及政策性担保、保险、风险投资和信用征集建设的复杂体系。我国现有三大政策性银行各自定位都很明确，都难以专门支持中小企业发展为目标。建议制定《中小企业政策性银行法》，依法由政府出资组建一家专司中小企业融资的政策性金融机构，可称为"中小企业发展银行"，作为服务中小企业的政策性金融体系的核心。资金来源可由财政拨付，发行准国家信用的金融债券，并可吸收邮政储蓄、社会保障基金等形式的存款。需强化中小企业政策性银行的风险防范、管理和控制，确保政策性金融机构运作的安全与稳定。

中小企业政策性银行可以采用试点建立方式，即可通过先试点再推广经验的方式。一是区域性试点，在部分有条件的地区，如中小企业较集中、市场体系较完善、财政实力较强且有意愿的地区，试行组建由地方财政出资的地方性中小企业政策性银行。条件成熟后再建立一家全国性的中小企业政策性银行。二是产业性试点，选择几个有代表性的产业进行试点，如纺织、服装、五金、电器等劳动密集型行业，逐步推广到其他产业。

由于我国的中小企业数量庞大，分布范围广，为便于信息取得、资金调配等，政策性金融机构应在地方深入布局，或搭建全国网络融资服务平台，依托地方商业银行等中小金融机构，利用信托公司、租赁公司、投资公司等类金融机构，为中小企业提供一站式融资服务。

2. 明确界定现有政策性银行职责

如果现阶段难以建立专门的国家中小企业银行，那么应责成已有的各家政策性银行肩负起促进中小企业发展的职责。我国目前的三家政策性银行包括国家开发银行、中国农业发展银行和中国进出口银行，各自业务范围有比较明确的专业分工，而中小企业业务所占比重过低，且没有成为发展重点。

建议国家明确现有政策性银行将促进中小企业发展纳入业务重点，增加中小企业融资服务比重，提供针对中小企业的金融产品，明确中小企业信贷规模要求。可以依托三家政策性银行各自的职能分工，具体包括：国家开发银行以建立面向各类中小企业的基础性、社会化金融服务体系为重点；农业发展银行以经营农业及与农业有关的中小企业为支持重点，进出口银行以促进外贸中小企业的进出口业务为支持重点。

3. 充分发挥国家中小企业发展基金的龙头作用

国家决定建立 150 亿元的国家中小企业发展基金，并从 2012 年开始陆续下拨。作为国家级的基金，应着重体现资金使用公共化，不以营利为目的，提高资金使用效率，扩大支持范围和覆盖面，最大限度促进和引导社会资金投入发展基金所倡导的领域。

（1）国家中小企业发展基金的资金使用方式：主要以直接投资方式（包括短期投资和长期投资）使用，通过投资收益和股本转让实现可持续发展。按照不同的支持领域，发展基金可采取投资参股、发起设立、委托管理等方式使用。从过去"撒胡椒面"式的一次性资金补助转变为多轮循环、流动使用的基金运作模式。为充分发挥政策性基金的引领带动作用，基金应分散使用，拿出部分资金与其他投资主体共同组建中小企业产业基金，通过联合投资形式，引导社会资本进入市场失灵领域。

（2）国家中小企业发展基金的资金来源：主要是中央财政预算安排资金以及基金收益，在适度安排下可考虑引入社保资金等公共资金。国家中小企业发展基金对各区域项目/机构的投资应与地方财政资金配套使用，地方性资金主要包括：一是各级政府部门的企业技术创新基金，二是各级政府参与投资和管理的风险投资基金，三是政府扶持、民间运作的企业互助基金，四是商业银行与各级政府部门联合组建的信贷担保基金。

（3）国家中小企业发展基金支持的重点领域。支持领域的选取应遵循两个原则：一是面向中小企业迫切需要支持的重点难点领域，二是适合采用投资方式支持，体现出与财政补贴资金（中小企业发展专项资金）的职能定位区别，但可两者配套使用。结合《中小企业促进法》规定的使用方向，建议发展基金重点用于支持中小微企业创业、服务体系、融资担保/保险三个领域。

小微企业创业领域。参股或设立向初创型小微企业提供股权投资的地方政府引导基金、创业投资基金、产业投资基金等，鼓励重点投向创业基地、孵化器等建设基础设施和完善创业服务功能。小微企业的重点扶持领域是注册资本在500万左右，属于各省市科技战略发展规划重点领域的创业企业。

小微企业社会化服务领域。参股以小微企业为主要服务对象的公共服务平台网络、公共服务平台（包括网络融资服务平台）、专业化服务机构等，支持其服务基础设施建设和服务功能的完善，为小微企业提供培训、咨询、融资中介、技术支持、信用信息服务、检验检测等支持性服务。

小微企业融资担保／保险领域。可以考虑三种运作模式：

第一种是设立国家级中小企业信用再担保基金，用于引导各省（区、市）建立省级再担保机制。一是直接为省级再担保提供分险、放大倍数，国家级再担保基金通过再担保服务收费和资金收益实现滚动发展。二是再担保基金发起设立或参股省级再担保机构，持股比例不超过20%（出资额不超过1亿元），要求地方财政配套资金1:2以上，按照"同股同权"原则，分享收益、分担风险。中小基金不做第一大股东，暂不做退出期限安排，但当省级再担保增资到20亿元以上，且能较好地服务小微企业时，可考虑退出。

第二种是发起设立中小企业融资保险机构，或设立中小企业融资保险基金委托保险机构管理，专门用于为小微企业各类贷款提供保险服务，也可为担保机构提供担保保险服务。一是直接向中小企业提供贷款保证保险服务，发挥保险方式在降低债权损失风险、提高中小企业融资能力中的作用，为中小企业提供担保之外的另一种选择。二是参照日本中小企业信用保证协会与中小企业信用保险公库的配套制度，向担保机构提供担保保险服务。担保机构提供小微企业担保服务时，向融资保险基金缴纳保险费，实际代偿后，融资保险基金支付一定比例的保险金。融资保险基金可根据担保机构服务小微企业情况等实行差别化保费标准。

第三种是设立中小企业信用担保基金，委托担保机构管理。在全国范围内遴选一定数量的担保（再担保）机构（考虑区域、机构实力、服务小微企业情况等）委托管理该基金，规避参股担保机构带来的复杂操作问题，要求基金托管机构按照基金设定的服务范围和服务要求开展小微企业担保服务。

（三）健全政策性金融与商业性金融机构的协作机制

商业性金融与政策性金融的互补性体现了金融体系中兼顾效率与公平问题。

商业性金融主要具有扶富的效率功能，政策性金融主要具有扶贫的公平功能。商业性金融与政策性金融是一个国家和经济体中不可或缺的两翼，是相互补充、平等协调的合作伙伴。我国政策性金融与商业性金融是地位平等的独立法人机构。政策性金融是商业性金融的补充。遵循"先市场，后政府"的基本模式，当商业性金融难以满足中小企业发展的要求，存在严重融资缺口时，才由政策性金融体系加以解决。

应协调政策性金融与商业性金融的业务关系、业务方式、业务总量，从立法、金融监管等方面提供保障，促进政策性金融与商业性金融分类协调发展。主要途径有：

一是政策性担保机构通过信用担保的方式，对商业性金融机构从事的符合政府政策目标项目的中小企业贷款给予偿还担保；二是政策性银行向商业性金融机构提供批发贷款，再由商业性金融机构向中小企业转贷。通过促进政策性银行与社区银行、科技银行、村镇银行、农村商业银行等小型社区类金融机构的合作，搭建批发贷款转贷平台，同时，为小微企业在小型社区类金融机构融资提供担保。三是中国出口信用保险公司及国有大型保险机构与商业性金融机构合作，为商业银行的中小企业贷款提供贷款保险，为中小企业信用担保机构的贷款担保提供保险；四是政策性基金通过创业投资政府引导基金的方式，与 VC、PE 等商业性金融建立合作建立母子基金，共同支持中小企业发展等。五是政策性金融机构为村镇银行、社区银行、小贷公司等小型金融机构发展提供资本金注入、融资支持等，提高小型金融机构的服务能力。

由于政策性银行由财政提供资本、由国家承担风险，存在逆向选择可能，可能隐含着比商业性金融更大的风险。可通过建立完善的组织结构体系及流程管理体系，运用科学的、以数据分析为基础的决策系统和风险评价系统。

（四）拓宽资金来源，建立长效稳定的资金补充机制

由于服务对象中小企业量大面广，对政策性金融机构运行资本的规模需求巨大。美国小企业管理局直接投入预算为 24.98 亿美元，间接（贷款）投入为 231.23 亿美元，其总投入占 2013 年美国财政支出 3.8 万亿美元的 6.74‰。而 2012 年我国财政支出预算中安排扶持中小企业发展总资金仅占 1.17‰，与美国相比差距非常显著。

建立服务中小企业的政策性金融体系要开拓更广泛和长效的融资渠道。一方面要加大财政支持力度，提高财政资金使用的针对性与有效性，明确对中小企业的扶持重点。建议将高科技中小企业、劳动密集型中小企业、出口创汇型中小企业、环保型中小企业以及中西部地区的中小企业，作为我国中小企业政策性金融扶持的重点。另一方面要依靠财政投入，但又不能局限于政府财政拨款、政府金融债券、中央银行借款，还需创新性地开发利用其它融资手段，广泛吸引与撬动巨大的社会资本进入中小企业金融服务领域。

（五）探索构建我国小微企业社会化金融体系

按照政府主导、市场化运作、多方参与的原则，构建由政府中小企业主管部门、国家开发银行（在缺少中小企业政策性银行的情况下）、商业性金融体系以及担保机构、小贷公司等助贷机构组成的小微企业社会化金融体系，是充分发挥政府引导调控作用，利用商业性金融体系、助贷体系以及社会各相关力量，整合各方资源，不以赢利为目的，有效缓解中小企业融资难题的系统性举措。小微企业社会化金融体系需要各参与方明确各自的定位，密切配合，相互协作。

一是工信部、国家开发银行、金融监管部门、中小银行等共同参与，确定中小企业支持重点和范围。贷款发放首先重点给予符合以下条件的中小企业：（1）未在银行获得过贷款；（2）符合新划型标准的小型微型企业；（3）单户贷款额度500万元以下；（4）符合国家产业政策、环保等政策；（5）创新型、创业型、劳动密集型和出口型中小企业。批发零售贷款体系给予获得贷款的中小企业给予一定的优惠：（1）利率不上浮或上浮幅度控制在10%以内，对于中小银行和助贷机构收取管理费制定统一的标准，严禁其它附加费用和附加条件，综合融资成本要明显低于市场上商业性金融提供的融资成本；（2）贷款周期不长于市场上平均贷款周期；（3）要求各地区中小银行要发放一定比例的信用贷款。

二是工信部、国家开发银行、金融监管部门、中小银行等共同参与，依据中小企业融资需求、金融市场承受度、国家信贷计划等情况估算中小企业批发资金规模。经人民银行等金融监管部门同意，由国家开发银行以准国家信用发行"中小企业批发贷款专项金融债"，以较低利率筹集相应的批发资金规模，作为用于向中小企业贷款的"种子资金"。

工信部是中小企业贷款批发资金（即专项金融债募集资金）的管理部门，委托国家开发银行对批发资金进行管理，与其签订《企业转贷专项资金托管协议》。同时，政银企合作建立管理委员会，明确每年资金的资金投向、审批等问题，对于资金的流向进行严格监管，以保证资金扶持重点产业领域内的中小企业。

三是在工信部指导下，由国家开发银行与中小型银行一起合作构成中小企业贷款资金批发零售系统。国家开发银行在各省（区、市）甄选合格的中小银行合作，在提供技术和管理支持情况下，将发债筹集的"种子资金"批发给中小银行，由中小银行按照事先确定的中小企业范围，向符合条件的中小企业提供转贷款，充分体现政府战略意图和产业政策导向。

工信部、国家开发银行、中小银行以及信用担保机构签订多方合作协议，国家开发银行和中小银行提供账户开立、资金存储、监管、支取、对账及相关申请资料保管等金融服务的同时，动员国家开发银行及其合作的中小银行设立贷款周转基金，作为批发贷款种子资金的有益补充。

四是由工信部协调担保机构、小贷公司、网络融资服务平台、行业协会/商会等机构组成助贷金融体系。遍布全国的4000多家中小企业信用担保机构和5200多家小贷公司，与银行有很好的互补性，发挥其贴近客户、交易成本低、不吸储而专注于融资服务业务的优势，可为银行提供客户推荐、客户筛选、贷后管理等非核心的信贷业务外包服务，起到助贷作用。

在全国选择一批规模大、信誉好、担保业绩优良的担保机构进入中小企业社会化金融服务体系，出台一系列激励措施，包括免3—5年的企业所得税；对担保机构进行一定份额的再担保，最高可达65%—80%；以及对担保机构发放低息长期贷款，以冲销部分担保损失（可达12.5%）。

五是中央有关部委和地方政府提供有效的政策支持。包括：工信部等部门给予产业政策、中小企业政策指导，主导确定中小企业支持范围和重点；中国人民银行批准国家开发银行以准国家信用发行专项金融债券；银监会批准国家开发银行从事向中小银行转贷款业务，并在不良贷款容忍度、呆坏账核销等考核方面给予优惠政策；财政部对批发资金相应的贷款业务给予一定比例的风险补偿（建议5%），初期可从中小企业信用担保资金等资金中划出一定比例用于建立"风险池"，形成中小银行、国家开发银行、财政各担80%、15%、5%的贷款风险（若有担保机构提供担保，可进一步分散风险）。

六是通过建立工商、税务等政府部门、同业、行业协会和信用协会、中介机构等参与评价的制度安排，有效缓解信息不对称；通过社会联合监督，实现银行监管、企业自律、社会联合监督共防风险的局面，减少银行风险控制的负外部性，提高小微企业信贷可获得性。

小微企业社会化金融体系是引导、带动小微企业融资，提供政府调控信贷资金供给和弥补金融市场失灵的有效途径，其中开发性金融是主导，竞争充分的商业性金融是主体，在政府和开发性金融的引导下，健康的激励机制会推动商业性金融机构为小微企业提供更广泛的金融产品与服务，开拓更广泛的中小企业群体。

（六）完善以政策性担保为主导的中小企业信用担保再担保体系

一是完善中小企业的征信体系建设。借鉴意大利中小企业信用体系建设的经验，协同行业协会、司法机关、银行等部门建立中小企业信息系统，加强中小企业经营活动、资产变动等状况的透明度建设，减少银行、政府、中小企业间信息不对称。

二是着力推进政策性信用担保体系发展。从国际经验来看，中小企业信用担保体系主要是以政策性担保机构为主体。因此，要将我国中小企业信用担保体系中的"政策性"担保机构与"商业性"担保机构明确区分开来，加大对政策性担保机构的政策、资金扶持力度，提高政策性担保机构所占的比例。明确政策性担保要主要服务于中小企业，特别是小微企业，并降低保费标准。还要尽快成立国家级的再担保机制与体系。

三是有效规范"银—担"风险分担机制。推进担保机构与协作银行平等合作，推进银担风险分担机制。完善信用担保行业的风险分担机制，改变担保机构承担绝大部分风险的现状。

四是探索发展中小企业信用保险业务。由政策性金融机构与商业保险机构合作开展中小企业贷款保证保险等业务，加快推广内贸信用保险、短期出口信用保险等险种。

五是进一步推进再担保机构的发展壮大，真正发挥其优势作用。首先，研究制定扶持和规范再担保机构的相关政策和规章制度。其次，适时设立国家级政策性再担保机构，完善国家、省、市三级政策性再担保体系，形成一批以政府出资为主、规模较大、信用较高、风控能力和带动性较强的再担保机构，以健全其信用增级、风险分担、产业导向和行业整合机制。按照日、韩等国现行的再担保制度，国家级再担保机构承担的风险比例为 70%—80%，而省市一级承担的比例为 20%—30%。再次，指导地方政府为政策性再担保机构进行注册资本金相应补充和建立风险补偿机制，以政策导向鼓励银行充分使用再担保机制。同时，鼓励省、市级政策性再担保机构在保证一定财政出资比例的前提下，实现出资形式的多样化（如中央及地方财政与金融控股集团、国有资本等的合作），以拓宽资金来源渠道。此外，对制度健全、信用较高、业绩突出的中小企业信用再担保机构的做法与经验进行总结推广。

总而言之，要从根本上解决中小企业融资问题，不仅要突出重点、循序渐进，积极发展政策性融资支持体系，而且要综合施策、多管齐下，将政策性金融与商业性金融以及国家金融政策有机结合起来。要建立间接融资与直接融资协调发展机制，大力发展多层次的资本市场，促进货币市场、资本市场和保险市场相互配合，共同构筑起适应我国国情的中小企业融资服务体系。

第五章　中小企业知识产权

　　2009 年 12 月 31 日，工业和信息化部和国家知识产权局联合实施"中小企业知识产权战略推进工程"，工程于 2010 年 1 月中旬正式启动，至 2013 年已实施三年多。为了准确掌握该项政策的实施效果，本章借鉴联合国世界知识产权组织（World Intellectual Property Organization，简称 WIPO）对联合国知识产权相关政策进行评估时的绩效评估体系，对我国中小企业知识产权战略推进工程政策的实施情况进行量化评估，分析当前存在的问题并给出相应的对策建议，期望能为下一阶段我国中小企业知识产权工作的推进和完善提供有益参考。

一、中小企业知识产权的重大意义

（一）中小企业是我国知识产权战略实施的重点领域

　　根据工业和信息化部发布的《"十二五"中小企业成长规划》，我国中小企业提供了全国约 65% 的发明专利、75% 以上的企业技术创新和 80% 以上的新产品开发。在全国科技园区、高新技术园区中，中小企业比例超过了 70%。2010 年底，国家高新技术企业中的中小企业比例达到 82.6%。根据第二次全国科学研究与试验发展（R&D）资源清查数据公报，2009 年，全国开展 R&D 活动的规模以上企业中，小型工业企业达到 23953 家，占 65.8%，私营企业达到 16153 家。中小企业已成为我国提升自主创新能力、申请和保有知识产权的不可忽视的重要力量，是我国知识产权战略实施的重点领域。

（二）知识产权战略是中小企业转型升级的有力保障

我国中小企业的快速扩张发展主要是依靠"高消耗、高排放"来换取经营规模的扩大，靠"低成本、低价格、低利润"实现市场空间的开拓，这种传统发展模式在新环境下难以为继。"十二五"时期是产业转型升级的关键时期，要想保持产业竞争力的持续提升，就必须在新一轮全球科技产业结构调整和竞争中抢占发展先机，必须将技术创新和专利布局作为产业发展的主攻方向，把企业拥有自主知识产权作为主要的战略导向和目标。然而，中小企业在技术创新的初级阶段亟需知识产权相关信息的指导，在技术成果的转化阶段更需要知识产权保护来保证其创新利益，所以实施中小企业知识产权战略推进工程具有极大的必要性和现实意义。

（三）中小企业知识产权推进是亟待突破的瓶颈

虽然中小企业是我国知识产权创造的主要力量，但是我国中小企业的知识产权也存在很多不足，具体表现在：第一，中小企业知识产权意识总体薄弱。第二，中小企业知识产权创造水平仍然较低。第三，中小企业知识产权发展环境相当不完善。可以说，现阶段中小企业知识产权工作的不足已经成为我国知识产权战略工作推进的主要瓶颈。因此，推动中小企业知识产权工作的顺利开展，是突破我国知识产权战略瓶颈的关键环节。

（四）中小企业知识产权战略推进工程是建设创新型国家的重要基础

中小企业知识产权战略推进工程是落实创新国家战略的重要举措。通过中小企业知识产权战略推进工程的相关工作，能够有效促进企业的技术创新行为。中小企业知识产权战略对于技术创新具有十分重要的作用，而且中央在《国家中长期科学和技术发展规划纲要（2006—2020）》中已明确提出："到2020年，全社会研究开发投入占国内生产总值的比重提高到2.5%以上，力争科技进步贡献率达到60%以上，对外技术依存度降低到30%以下，本国人发明专利年度授权量和国际科学论文被引用数均进入世界前5位"。中小企业作为我国知识产权战略实施的重点领域，是实现上述目标的重要环节，因此要大力加强我国中小企业的技术创新和知识产权保护，充分发挥中小企业对知识产权的创造和运用能力。中小企业知识产权战略推进工程已经成为我国建设创新型国家的重要基础。

二、中小企业知识产权战略推进工程政策评估

（一）研究背景

1. 知识产权战略推进工程概况

2009 年 12 月 31 日，工业和信息化部、国家知识产权局联合实施中小企业知识产权战略推进工程（以下简称"工程"），并将工程作为落实《国务院关于进一步促进中小企业发展的若干意见》（国发〔2009〕36 号），促进中小企业技术进步和结构调整的重要工作。

首批工程实施单位申报工作于 2010 年 1 月中旬启动。工程计划在 5 年左右的时间内，在全国培育形成百个具有自主知识产权优势的中小企业集聚区，建立百家中小企业知识产权辅导服务机构，培训万名中小企业知识产权工作者和经营管理人员，培育形成万家具有自主知识产权优势的中小企业；为中小企业提供各类知识产权公共服务，形成有效的中小企业知识产权综合服务援助等机制。中小企业知识产权战略推进工程首批 32 家实施单位名单见下表。

表 5-1　中小企业知识产权战略推进工程首批实施单位名单

序号	实施单位（城市）	序号	实施单位（城市）
1	北京市	17	福建省宁德市
2	天津市	18	山东省烟台市
3	河北省石家庄市	19	山东省威海市
4	河北省唐山市	20	山东省青岛市
5	山西省阳泉市	21	河南省洛阳市
6	内蒙古自治区包头市	22	湖北省武汉市
7	辽宁省沈阳市	23	湖北省宜昌市
8	辽宁省大连市	24	湖南省长沙市
9	吉林省长春市	25	重庆市
10	黑龙江省大庆市	26	四川省成都市
11	上海市	27	贵州省贵阳市
12	江苏省苏州市	28	陕西省宝鸡市
13	江苏省扬州市	29	甘肃省兰州市
14	浙江省杭州市	30	青海省西宁市
15	浙江省宁波市	31	宁夏回族自治区银川市
16	浙江省金华市	32	新疆维吾尔自治区乌鲁木齐市

资料来源：《关于确定"中小企业知识产权战略推进工程首批实施单位"的通知》。

2. 政策重点

中小企业知识产权战略推进工程重点抓好六个方面工作，一是实施国家示范性知识产权优势中小企业集聚区培育计划；二是着力提升中小企业知识产权意识，以城市中小企业集聚区为重点，有计划地持续开展广泛的知识产权宣传和知识产权知识推广；三是开展中小企业知识产权培训，推动知识产权战略在中小企业的实施，将知识产权专题培训作为国家中小企业银河培训的重点内容；四是开展自主知识产权优势中小企业培育工作，分期、分批在具有产业特色和竞争优势的中小企业集聚区中选择具有一定知识产权和品牌创造潜力的中小企业，实施重点培育；五是建立中小企业知识产权服务支撑体系；六是建立和完善中小企业集聚区知识产权保护机制。

（二）政策评估系统

1. 评估方法

本报告采用联合国世界知识产权组织[1]（World Intellectual Property Organization，简称 WIPO）对知识产权相关政策进行绩效评估时采用的评估办法，首先对政策进行一级指标分解，明确从哪些大的方面对政策进行评估；然后对一级评估指标进一步分解为更具体的二级指标，通过对每一个二级指标进行量化评估，最终实现对政策效果的整体评价。[2]

结合数据的可得性、直观性、重要性等因素，经过筛选，我们认为中小企业知识产权战略推进工程政策可以从如下五个方面进行评估：（1）培育国家示范性知识产权优势中小企业集聚区；（2）提升中小企业知识产权意识；（3）开展自主知识产权优势中小企业培育工作；（4）建立中小企业知识产权服务支撑体系；（5）对中小企业知识产权相关活动给予优惠政策扶持。

因此，将上述五个方面作为评估知识产权战略推进工程评估的 5 个一级指标，结合数据情况，将 5 个一级指标分解为 24 个二级评估指标。二级指标分布为：培育国家示范性知识产权优势中小企业集聚区 7 个指标，提升中小企业知识产权意识 3 个指标，开展自主知识产权优势中小企业培育工作 4 个指标，建立中小企

[1] 世界知识产权组织（World Intellectual Property Organization，简称WIPO）是联合国组织系统中的16个专门机构之一，是致力于促进使用和保护人类智力作品的国际组织。总部设在瑞士日内瓦，世界知识产权组织管理着涉及知识产权保护各个方面的24项（16部关于工业产权，7部关于版权，加上建立世界知识产权组织公约）国际条约。直到2007年6月15日为止，成员国有184个国家。
[2] 世界知识产权组织成员国大会《2010年计划效绩报告》，2011年7月26日。

业知识产权服务支撑体系 6 个指标，对中小企业知识产权相关活动给予优惠政策扶持 4 个指标。

在测度过程中，鉴于各指标要素的影响彼此交错复杂，很难严格区别不同指标间的重要程度，因此，为了便于横向比较，即假定各项指标的权重相同。

包括二级指标在内的中小企业知识产权战略推进工程政策评估框架如下表：

表 5-2　中小企业知识产权战略推进工程政策评估框架

	一级指标	二级指标
中小企业知识产权战略推进工程	培育国家示范性知识产权优势中小企业集聚区	1.集聚区中小企业研发活动情况 2.集聚区中小企业专利申请行为 3.集聚区中小企业是否有研发机构 4.有省级以上企业技术中心的中小企业 5.新产品销售收入占主营业务收入的比重 6.技术人员占员工比例 7.专利授权
	提升中小企业知识产权意识	8.集聚区专利申请行为 9.研发投入增加 10.知识产权工作人员数量
	开展自主知识产权优势中小企业培育工作	11.参与制定行业标准 12.参与制定国家标准 13.参与制定国际标准 14.拥有软件著作权
	建立中小企业知识产权服务支撑体系	15.公益性服务机构数量 16.非盈利性服务机构数量 17.市场化服务机构数量 18.服务中小企业数量（家） 19.服务中小企业次数（次） 20.服务类型数量
	对中小企业知识产权相关活动给予优惠政策扶持	21.享受研发费用税前扣除150%的优惠政策 22.得到各级财政资金支持 23.获得社会投资等资金支持 24.享受其他优惠政策情况

资料来源：赛迪智库中小企业研究所。

各级指标绩效水平的评价按照"显著进展（☆☆☆）"、"积极进展（☆☆）"、"有所进展（☆）"三个层次进行分类，具体评价标准如下：

"显著进展（☆☆☆）"：根据相关的绩效指标，明显取得重要进展（例如增速在 30% 以上），即三颗星。

"积极进展（☆☆）"：如果已取得进展，但根据绩效指标，进展还未达到显著的程度（例如增速在 5%—30%），即二颗星。（许多预期成果和绩效指标都需要一段时间才能显现。虽然已经按绩效指标开展了大量有价值的工作，并已取得进展，但从所取得的成果方面来看，有关绩效在短期政策绩效报告这一较短的期限内尚不完全明显，可评估为"积极进展"。）

"有所进展（☆）"：如果取得的进展不够显著，相对较小，但确实是在不断进步（例如增速在 0%—5% 之间），即一颗星。这表明，有些问题正由主管部门进行处理，表明遇到了困难或正在采取行动。

2. 样本数据

本研究是在全国中小企业知识产权战略推进工程首批 32 家实施单位（城市）中选取了 30 个中小企业集聚区 2010—2011 两年的数据作为分析样本，这 30 个集聚区涵盖 30 余个产业，共包含 43184 家中小企业，企业员工总人数 1980654 人，基本能够全面反映中小企业知识产权战略推进工程的落实情况，样本具体情况见下表。

表 5-3　中小企业集聚区抽样调查样本

序号	集聚区全称	主导产业	所属省、区、市
1	石家庄市高新技术开发区医药产业集聚区	生物医药	河北省石家庄市
2	唐山市陶瓷产业聚集区	陶瓷	河北省唐山市
3	阳泉市高新技术创业园	制造业	山西省阳泉市
4	长春高新技术产业开发区	先进制造业、生物医药、光电子技术、新材料与新能源、高端服务业、现代农业	吉林省长春市
5	大庆高新技术产业开发区	石油化工、新材料、装备制造	黑龙江省大庆市
6	上海市科技创业中心	高新技术产业	上海市
7	上海张江高新技术产业开发区青浦园区（集团）有限公司	生物医药、新材料、重大装备、软件信息	上海市
8	扬州市数控成形机床产业集聚区	数控成形机床	江苏省扬州市

（续表）

序号	集聚区全称	主导产业	所属省、区、市
9	宁波江北先进通用设备制造业特色产业基地	装备制造业	浙江省宁波市江北区
10	宁波（鄞州）汽车零部件产业知识产权集聚区	汽车零部件产业	浙江省宁波市鄞州区
11	宁波模具及制品产业知识产权中小企业集聚区	模具及制品产业	浙江省宁波市余姚市
12	金华市汽车和零部件产业集群	汽车和零部件	浙江省金华市
13	宁德市中小电机企业知识产权战略推进工程	电机电器产业	福建省宁德市
14	汽车零部件产业聚集区	变速器、汽车内饰件、汽车线束、冲压件、车灯、汽缸盖	山东省烟台市
15	葡萄酒产业中小企业聚集区	葡萄酒产业	山东省烟台市
16	黄金产业中小企业聚集区	黄金产业	山东省烟台市
17	海产品精深加工中小企业集聚区	海产品精深加工	山东省威海市
18	武汉东湖新技术开发区	光电子信息、生物产业、能源环保产业、现代装备制造业、高技术服务业	湖北省
19	食品医药产业集聚区	酵母、化工医药原料、白酒酿造	湖北省宜昌市
20	磷化工产业集聚区	磷化肥、复合肥、磷矿石	湖北省宜昌市
21	装备制造产业集聚区	锯片、镀锌板、柴油机、机床	湖北省宜昌市
22	长沙市工程机械集聚区	工程机械	湖南省长沙市
23	重庆市中小企业知识产权集聚区	摩托车、五金、中药、机械	重庆市（大足区工业园、摩托车中小企业集聚区、涪陵工业园区、建桥工业园区）
24	成都高新技术产业开发区	电子信息、生物医药、精密机械	四川省成都市

（续表）

序号	集聚区全称	主导产业	所属省、区、市
25	贵阳国家高新技术产业开发区	新材料新能源、高端装备制造、电子信息、生物医药	贵州省贵阳市
26	贵阳市乌当区药业园区	中成及化学药品	贵州省贵阳市乌当区
27	宝鸡高新区新材料基地、石油装备制造基地和眉县砖瓦机械制造产业基地	钛及钛合金、石油钻采输装备、砖瓦机械制造	陕西省宝鸡市
28	西宁经济技术开发区生物科技产业园区	生物医药、食品（保健品）、民族加工、装备制造	青海省
29	乌鲁木齐经济技术开发区（头屯河区）	冶金、风电、食品饮料	乌鲁木齐市
30	米东区石油化工、煤电煤化工产业集群	石油化工、煤电煤化工产业	乌鲁木齐市米东区

资料来源：赛迪智库中小企业研究所。

（三）政策绩效评估

总体来说，国家中小企业知识产权战略推进工程实施 3 年来，取得了十分显著的成效，试点城市中小企业集聚区的专利申请量年均增速已达 53.8%，专利授权量年均增速也在 30% 以上，反映出中小企业知识产权意识和知识产权能力正在迅速增强，说明知识产权战略推进工程收效显著。

具体来说，中小企业知识产权战略推进工程在培育国家示范性知识产权优势中小企业集聚区、提升中小企业知识产权意识、开展自主知识产权优势中小企业培育工作、建立中小企业知识产权服务支撑体系、对中小企业知识产权相关活动给予优惠政策扶持等五个方面都取得了较好进展。

下面从以上五个方面来对知识产权战略推进工程的执行情况做出具体评估，对每一项政策目标的评估包括两部分内容：（1）分析概要，在回顾政策制定之初主要内容的基础上，综述政策目标的完成和落实情况，分析政策主要绩效要点和当前存在的挑战。（2）绩效数据，以列表的形式对政策预期目标、政策评估指标、绩效数据进行汇总分析，通过对各项指标提供具体的绩效数据，来评估政策目标的实现情况，最后用评估标识（☆符号）进行直观标示，用以直观说明各项政策的总体绩效以及政策落实所取得的进展情况。

1. 政策评估之一：培育国家示范性知识产权优势中小企业集聚区 ☆☆

（1）分析概要

中小企业知识产权战略推进工程在"培育国家示范性知识产权优势中小企业集聚区"方面取得了积极进展。中小企业集聚区的专利授权量增速明显，中小企业集聚区专利授权增速已超过30%；集聚区有研发活动、有专利申请的小企业数量也呈现较快增长势头，增速在年均20%左右；在内部设有研发机构的中小企业已经占到集聚区中小企业总量的1/3强，并呈现出较快的增长趋势；中小企业新产品销售收入占主营业务收入的比重在1/3左右，并且该比重仍在持续提高。但是在集聚区中，有省级以上企业技术中心的中小企业数量仍然偏少，中小企业员工中技术人员比例的提升速度仍相对缓慢。总的来看，中小企业知识产权战略工程相关政策对提升中小企业集聚区知识产权水平具有明显的促进作用。

专栏1 "培育国家示范性知识产权优势中小企业集聚区"政策内容

分期、分批选择具有产业特色和知识产权创造、运用基础的中小企业集聚区，培育一批示范性知识产权优势中小企业集聚区。制定并有效组织实施中小企业集聚区总体知识产权推进战略，制定实施培育中小企业集聚区知识产权优势的具体发展规划、具体落实措施；建立有效的集聚区知识产权管理制度，开展集聚区知识产权管理运行体系建设，建立政府知识产权、中小企业主管部门、相关机构、企业等共同参加的集聚区组织领导机制和日常执行机制，统筹协调集聚区知识产权管理的各方面工作，推动各工程实施的主体和对象切实完成各项保障措施的落实，切实完成各项工程任务。

（2）绩效数据

政策预期目标	政策评估指标	绩效数据	等级评价
培育国家示范性知识产权优势中小企业集聚区	集聚区中小企业研发活动情况	平均每个集聚区有研发活动中小企业比例达60.46%；有研发活动中小企业数量年均增速19.27%；其中8个集聚区90%以上中小企业有研发活动。	☆☆
	集聚区中小企业专利申请行为	平均每个集聚区有专利申请的中小企业占总企业比例为43.57%；有专利申请的小企业数量年均增速23.43%；其中12个集聚50%以上中小企业有专利申请活动。	☆☆
	集聚区中小企业是否有研发机构	平均有研发机构中小企业比例达38.16%；有研发机构中小企业数量年均增速23.42%；其中9个集聚区50%以上中小企业设有研发机构。	☆☆
	有省级以上企业技术中心的中小企业	国家级：15个集聚区有国家级企业技术中心，占总样本50%；但仅有4个集聚区国家级企业技术中心数量在增加；平均1个集聚区仅有1.64个中小企业有国家级企业技术中心，绝对数量偏少。省级：29个集聚区有省级企业技术中心，占总样本96.7%；有16个集聚区省级企业技术中心数量在增加；每个集聚区省企业技术中心数量年均增速21.27%；平均1个集聚区有9.1个中小企业有省级企业技术中心。	☆
	新产品销售收入占主营业务收入的比重	平均每个集聚区新产品销售收入占主营业务收入的比重为34.17%；新产品销售收入占主营业务收入的比重年均增长6.5%；其中17个集聚区新产品销售收入占主营业务收入的比重在上升，其年均增速14.26%。	☆☆
	技术人员占员工比例	技术人员占总员工比例达17.65%；平均每个企业技术人员占总员工的比例年均上升2.5%。	☆
	专利授权	平均每个集聚区每年获得专利授权1211件；专利授权量年均增速30.94%。	☆☆☆

注："显著进展"☆☆☆；"积极进展"☆☆；"有所进展"☆。

资料来源：赛迪智库中小企业研究所。

2. 政策评估之二：提升中小企业知识产权意识 ☆☆☆

（1）分析概要

中小企业知识产权战略推进工程在"提升中小企业知识产权意识"方面取得了非常显著的进展。通过对中小企业集聚区有计划地持续开展广泛的知识产权宣传和知识产权知识推广，平均每个中小企业集聚区专利申请总量以年均53.8%

的速度快速提升，这反映出中小企业的知识产权意识正在迅速加强，平均每个中小企业有4项专利申请；中小企业研发投入占主营业务收入比重正在以年均14.67%的速度上升；集聚区研发投入资金量年均增速也高达43.85%。因此说，中小企业的知识产权意识正在全面迅速提升。

专栏2 "提升中小企业知识产权意识"政策内容

以城市中小企业集聚区为重点，有计划地持续开展广泛的知识产权宣传和知识产权知识推广，着力提高中小企业知识产权意识，培育中小企业知识产权创新文化，推动形成城市中小企业集聚区创造知识产权、尊重知识产权、保护知识产权的社会氛围。

（2）绩效数据

政策预期目标	政策评估指标	政策绩效数据	等级评价
提升中小企业知识产权意识	集聚区专利申请行为	平均每个集聚区每个中小企业申请专利4.3件；集聚区专利申请总量年均增速53.8%；平均每个集聚区有专利申请的中小企业占总企业比例为43.57%。	☆☆☆
	研发投入增加	平均每个集聚区中小企业研发投入占主营业务收入的比重为5.65%，并且该比重正在以年均14.67%的速度上升；集聚区研发投入资金量年均增速43.85%。	☆☆☆
	知识产权工作人员数量	集聚区每个中小企业平均有0.96个知识产权工作人员（除去长沙、贵阳国家高新区异常值）；集聚区中小企业知识产权工作人员数量平均年均增长40.45%。	☆☆☆

注："显著进展"☆☆☆；"积极进展"☆☆；"有所进展"☆。

资料来源：赛迪智库中小企业研究所。

3. 政策评估之三：开展自主知识产权优势中小企业培育工作 ☆☆☆

（1）分析概要

中小企业知识产权战略推进工程在"开展自主知识产权优势中小企业培育工作"方面取得了非常显著的进展。通过对具有一定知识产权和品牌创造潜力的中小企业，实施重点培育，集聚区中小企业参与制定行业标准、国家标准、国际标准数量显著上升，年均增速均在30%以上；中小企业的软件著作权登记数、国外专利申请、国外专利授权量年均增速也都处于40%以上。尽管各项指标的增速十分明显，但在绝对数量上仍然过低，因此说，中小企业的知识产权优势目前来看仍然不强，对有自主知识产权优势的中小企业的重点培育工作仍有待继续加强。

专栏3 "开展自主知识产权优势中小企业培育工作"政策内容

　　分期、分批在具有产业特色和竞争优势的中小企业集聚区中选择具有一定知识产权和品牌创造潜力的中小企业，实施重点培育。通过政策引导和重点辅导服务，指导企业建立自身知识产权战略，完善企业知识产权全面管理、全过程管理制度，建立健全创新激励机制；鼓励企业加大知识产权创造投入力度，鼓励企业充分运用知识产权等各类创新资源，不断提高自主创新和技术成果转化的能力；支持和帮助具备条件的自主知识产权优势中小企业上市融资，加快发展。通过典型示范带动，整体提升区域中小企业知识产权创造、运用、保护、管理能力和水平。

（2）绩效数据

政策预期目标	政策评价指标	政策绩效数据	等级评价
开展自主知识产权优势中小企业培育工作	参与制定行业标准	平均每个中小企业集聚区参与制定8.7个行业标准（除去异常值"武汉"数据）；年均增速36.95%。	☆☆☆
	参与制定国家标准	平均每个集聚区参与制定5.92个国家标准（除去异常值"武汉"数据）；年均增速93.5%。	☆☆☆
	参与制定国际标准	平均每个集聚区参与制定0.32个国际标准（除去异常值"武汉"数据）；年均增速38.9%。	☆☆☆
	拥有软件著作权	平均每个集聚区软件著作权登记数166.3件；年均增速52.4%。	☆☆☆
	国外专利申请	平均每个集聚区国外专利申请23.4件；年均增速46.3%。	☆☆☆
	国外专利授权量	平均每个集聚区国外专利授权量10.6件；年均增速58.7%。	☆☆☆
	国外商标注册	平均每个集聚区国外商标注册47.9个；年均增速27.4%。	☆☆

注："显著进展"☆☆☆；"积极进展"☆☆；"有所进展"☆。
资料来源：赛迪智库中小企业研究所。

4.政策评估之四：建立中小企业知识产权服务支撑体系 ☆☆

（1）分析概要

中小企业知识产权战略推进工程在"建立中小企业知识产权服务支撑体系"方面取得了积极进展。在政策的引导下，知识产权相关的公益性服务机构数量、集聚区内获得知识产权相关服务的中小企业数量（家）、服务机构对中小企业的服务次数年均增速均在40%以上；非盈利性服务机构数量、市场化服务机构数量年均增长也在20%以上。因此说，中小企业集聚区知识产权服务支撑体系建设取得了积极进展。

专栏4 "建立中小企业知识产权服务支撑体系"政策内容

在具有产业特色和竞争优势的中小企业集聚区，依托现有公共服务平台，建立健全中小企业知识产权辅导服务机构，建立中小企业集聚区专利工作交流站。不断完善以知识产权咨询、知识产权评价评估、知识产权投融资、专利信息检索、专利申请辅导、专利技术分析、专利战略研究制定、专利预警、专利工作交流、专利技术（产品）展示交易等为一体的专业化、综合性中小企业服务支撑体系，着力提高区域中小企业创造和运用知识产权的能力，推动形成一批具有自主知识产权创造优势的中小企业集聚区。

（2）绩效数据

政策预期目标	政策评价指标	政策绩效数据	等级评价
建立中小企业知识产权服务支撑体系	公益性服务机构数量	30个集聚区现有公益性服务机构26个；公益性服务机构数量年均增速44%。	☆☆☆
	非盈利性服务机构数量	30个集聚区现有非盈利性服务机构40个；非盈利性服务机构数量年均增速21.21%。	☆☆
	市场化服务机构数量	30个集聚区现有市场化服务机构150个；市场化服务机构数量年均增速23.97%。	☆☆
	服务中小企业数量（家）	平均每个集聚区服务中小企业数量172.9家；年均增速48.9%。	☆☆☆
	服务中小企业次数（次）	平均每个集聚区服务中小企业数量354.9次数；年均增速74.6%。	☆☆☆
	服务类型数量	平均每个集聚区为中小企业提供6.3种类型服务（共10种类型）；年均增速16.7%。	☆☆

注："显著进展"☆☆☆；"积极进展"☆☆；"有所进展"☆。

资料来源：赛迪智库中小企业研究所。

5. 政策评估之五：对中小企业知识产权相关活动给予优惠政策扶持 ☆

（1）分析概要

中小企业知识产权战略推进工程在"对中小企业知识产权相关活动给予优惠政策扶持"方面有所进展，取得了一定成效，但优惠政策的覆盖范围和扶持力度仍有待提高。例如能够享受研发费用税前扣除 150% 的优惠政策的中小企业仅占集聚区中小企业的 2.97%，而且额度也较为有限；平均每个集聚区只有 12.9% 的中小企业能够得到各级财政资金支持；能够获得社会投资等资金支持的中小企业比例为 11.2%，能够享受其他优惠政策扶持的中小企业比例也不足 1%。

总体来看，各级财政、社会投资资金以及除此外的其他优惠政策落实力度仍有待提高，亟待加大落实力度，切实保证各项优惠政策能够得到有效落实。

专栏 5　中小企业知识产权战略推进工程中小企业项目支持

对纳入工程重点培育的自主知识产权优势中小企业，其实施专利技术产业化项目、参与行业标准制订、申报省部级以上新产品、申请国内外专利等发生的费用，同等条件下优先予以必要的支持。

（2）绩效数据

政策预期目标	评价指标	政策绩效数据	等级评价
对中小企业知识产权相关活动给予优惠政策扶持	享受研发费用税前扣除150%的优惠政策	每个集聚区仅有42.8家中小企业能够享受该项税收优惠，占集聚区中小企业的比例为2.97%，政策覆盖面过小；而且平均每个集聚区仅能享受1580万研发费用税前扣除150%的优惠，额度较小。	☆
	得到各级财政资金支持	平均每个集聚区获得各级财政资金10132万元，每个集聚区有186家中小企业能够得到各级财政资金支持，占集聚区中小企业的比例为12.9%。	☆☆
	获得社会投资等资金支持	平均每个集聚区能获得4025万社会投资等资金支持，每个集聚区有167家中小企业能够获得该项资金，占集聚区中小企业的比例为11.2%。	☆☆
	享受其他优惠政策情况	平均每个集聚区能获得837.6万其他优惠政策资金支持，每个集聚区有7.28家中小企业能够享受该项优惠，占集聚区中小企业的比例为0.49%。	☆

注："显著进展"☆☆☆；"积极进展"☆☆；"有所进展"☆。

资料来源：赛迪智库中小企业研究所。

6.政策评估之六：中小企业知识产权战略推进工程总体评价 ☆☆

中小企业知识产权战略推进工程政策可以从五个方面进行评估的结果分别如下：（1）培育国家示范性知识产权优势中小企业集聚区（☆☆）；（2）提升中小企业知识产权意识（☆☆☆）；（3）开展自主知识产权优势中小企业培育工作（☆☆☆）；（4）建立中小企业知识产权服务支撑体系（☆☆）；（5）对中小企业知识产权相关活动给予优惠政策扶持（☆）。

因此，总体来看，中小企业知识产权战略推进工程在提升中小企业知识产权意识和开展自主知识产权优势中小企业培育工作方面取得了显著进展，成效非常明显；在培育国家示范性知识产权优势中小企业集聚区和建立中小企业知识产权服务支撑体系方面取得了积极进展，成效比较明显；在对中小企业知识产权相关活动给予优惠政策扶持方面相对薄弱，需进一步有所加强。

三、中小企业知识产权发展存在的主要问题

（一）中小企业的知识产权层次普遍不够高

中小企业知识产权的技术含量和水平不高，其中发明专利少，实用新型和外观设计专利所占的比重过大。中小企业知识产权战略推进工程实施两年间，中小企业所申请的专利授权总量69029件，其中发明专利7300件，占专利授权总量的10.58%；实用新型专利33122件，占专利授权总量的47.98%；外观设计专利28474件，占专利授权总量的41.25%。

（二）中小企业知识产权意识需进一步提升

平均每个集聚区有专利申请的中小企业占总企业比例为43.57%，有一半以上的中小企业没有申请过专利；大部分中小企业没有专门的知识产权职能部门，平均来看每个中小企业知识产权工作人员不足1人，仅为0.96人。而且已经设立的企业知识产权部门，也不太具备专业水平，缺乏工作经验，工作宣传力度也不足。特别是企业高管人员的认识还不到位，对技术人员创造专利成果的激励不足。因此，小企业对知识产权的重视程度仍有待进一步提高。

（三）中小企业专利申请维护费用负担不断加重

中小企业平均每项授权专利需要支付申请及维护费用 2.73 万元（除去湖北、长沙异常值）；平均每个专利申请及维护费用年均增速 18.6%；企业专利申请及维护费用投入占研发投入的比重为 7.4%，并且该比重正在以年均 6.3% 的速度继续递增。这说明中小企业的专利申请及维护费用负担正在不断加大，有待相关部门引起重视并加以扶持。

（四）中小企业知识产权服务机构服务水平有待提高

集聚区接受过知识产权公共服务的中小企业数量（家）占中小企业比重为 49.5%，有一半以上的中小企业没有获得过知识产权中介服务机构的服务。而且当前市场上的中小企业专利申请代理机构数量不足，服务的专业水平不高，高素质专业人员缺乏。专利申请服务机构专业性不够。在专利申请过程中，需要有电路、机械、结构等专业的审理申请中介机构，现有的专利申请中介服务机构专业性水平不足，难以充分满足相关企业的特定需求。西部地区缺乏高水平的专利代理服务机构，遇到较大案件需要到北京聘请高水平的专业服务机构。

（五）知识产权扶持政策落实力度有待进一步加强

中小企业知识产权相关优惠政策的覆盖范围和扶持力度有待进一步提高。在中小企业集聚区中，平均仅有 2.97% 的中小企业（42.8 家）能够享受到研发费用税前扣除 150% 的优惠政策，而且平均每个集聚区仅能享受 1580 万研发费用税前扣除 150% 的优惠，额度偏小；能够得到各级财政资金支持的中小企业比例仅为 12.9%，能够享受其他优惠政策扶持的中小企业比例不足 1%。总体来看，中小企业知识产权相关财政、税收优惠政策的覆盖范围、扶持力度都有待进一步提高。

（六）中小企业知识产权维权难度大

通过调研发现，知识产权侵权需要通过法律程序认定，但诉讼周期漫长，使原告方难以承受，即使诉讼成功也时过境迁，基本上失去了诉讼意义。企业通过法院、海关等途径获得知识产权保护的效果不佳，而各地的知识产权系统在知识产权执法和保护方面，又面临着严重的资金和人力资源约束（尤其县、镇级），无法有效满足企业的需求。知识产权的行政执法和保护力度亟待加强，尤其是跨地区之间的维权则更加困难，如西部企业面对珠三角地区的"山寨"行为基本没有有效的维权办法。

四、中小企业知识产权政策的主要不足

（一）中小企业知识产权政策体系不够完善

一是政策的针对性和操作性有待提高。地方普遍反映目前中小企业知识产权相关政策内容是从宏观上做出规划，对地方来说，在具体实施层面缺乏有针对性和操作性的工作指导意见，财政税收配套措施不完善，目前国家对中小企业知识产权工作无论从资金还是名号上，给予的支持仍比较有限，地方中小企业知识产权工作需要获得更多更具体的政策指导。

二是中小企业知识产权扶持政策的产业导向性不突出。现有知识产权扶持政策是普惠性的，没有结合国家倡导的重点产业（现代服务业、先进制造业、传统产业升级等）以及战略新兴产业的发展方向，对重点产业领域关注不足。

三是现有知识产权制度自身缺陷。一方面，申请专利周期时间偏长，特别是专利的审查期限过长，往往使申请的专利技术丧失先进性，损害专利申请人的利益，影响企业申报积极性。另一方面，专利申请等相关费用过高，企业负担加重，例如美国发明专利申请费330美元，中国发明专利申请费900元。

四是对创新型中小企业的扶持力度不足。创新型中小企业是重要的知识产权创新源泉，越是创新型中小企业，知识产权的创新越活跃。目前的相关知识产权政策是面向所有中小企业的，对创新型中小企业关注不够，需要侧重创新型中小企业出台专项扶持政策。

五是知识产权领域专业职称评定机制尚未充分落实。例如四川省知识产权工程师职称评定仍处在与省人事厅协调阶段，相应的专业职称认定还没有开始正式执行，限制了知识产权相关工作的专业化发展。

（二）知识产权优惠政策对中小企业扶持不足

一是知识产权优惠政策对小微型企业扶持政策落实力度不足。如调研发现，扬州目前有关支持小微企业的资金扶持政策，要求企业"具有5个发明专利、10

个实用性专利"等条件。地方反映,从实际情况看这个门槛明显过高,基本上没有小微型企业能够达到这样的标准,例如,在中小企业集聚区中,平均仅有 2.97% 的中小企业能够享受到研发费用税前扣除 150% 的优惠政策。因此需要解决现有中小企业扶持政策相关规定与小微型企业实际情况相脱节的问题。

二是对中小企业专利维持费用缺乏支持。企业知识产权的维持费用对中小企业是较重负担,再加上企业知识产权申请费用,企业明显感到专利相关费用负担加重。调研发现,如某企业目前已有 66 项专利,每年知识产权维持费用加上申报费用要超过 10 万元,负担过重。从中小企业实际情况来看,专利申请费用有可能获得政府的部分补助,但是专利维持费用则没有任何支持。

三是优惠政策缺乏自主知识产权导向。我国知识产权专利主要来源于高新技术企业,高新技术企业在创造创新成果的过程享受了大量税收、金融方面的优惠政策,但其创造的知识产权成果却有很大一部分是外资企业享有最终的所有权。在由享受国家众多优惠政策的高新技术企业所提交的专利申请中,不属于我国自主知识产权的比例高达近 1/4,如果考察发明专利申请,这一比例高达 1/3。[1]同时,面临资金、人才、土地等压力的中小企业也没有精力投入到无法获得优惠政策支持的自主研发行为当中,只能选择利用或模仿现有技术生产产品,获取收入。

四是现有优惠政策一定程度上偏向于外资企业和大型企业,对国内企业、特别是小型微型企业的扶持力度较弱。据国家知识产权局对某国家高新区的调查,高新区内的大型企业享受了更多的政策优惠,占总数量 2% 的 8 家大型企业和占总数量 15% 的中型企业分别享受了 25% 和 43% 的政策优惠资金,而剩下 83% 的小型企业和规模以下企业,仅仅享受了 32% 的政策优惠资金。[2]

(三)中小企业知识产权扶持资金规模较小

一是知识产权扶持资金覆盖面窄、额度低。在中小企业知识产权推进工程试点集聚区中,平均每个集聚区仅有 11% 的中小企业(158 家)能够享受到各级财政扶持资金 4666 万元(除去湖北武汉和浙江宁波鄞州区异常值),政策资金对中小企业的扶持力度较为有限。在中小企业知识产权推进工程试点集聚区中,能够得到各级财政资金支持的中小企业比例仅为 12.9%,能够享受其他优惠政策扶持

---

[1] 刘彬:《我国中小企业知识产权工作的思考》,《知识产权》2008 年第 1 期。
[2] 刘彬:《我国中小企业知识产权工作的思考》,《知识产权》2008 年第 1 期。

的中小企业比例仅不足1%。

二是中小企业知识产权培训的资金得不到保证。调研发现，四川在中小企业发展专项资金当中没有资金是专用于知识产权培训领域的，培训资金的来源不充足，影响了培训的规模和质量。

三是缺乏国家层面中小企业知识产权方面的扶持资金。虽然国家中小企业发展专项资金明确了"重点支持中小企业技术进步和技术改造，创建和保护自主知识产权及加强品牌建设"，但实际投入到中小企业知识产权领域的资金极为有限。

（四）知识产权中介服务体系有待完善

一是中小企业知识产权公共服务范围界定不明确。根据上海地区的调研发现，目前政府中小企业公共服务涉及范围过广，既要提供一般性服务，又要提供专业性服务。需要将政府的公共性服务与专业性服务区别开来，政府应该集中做好公共性的基础服务，而将专业性的服务留给市场来提供。

二是知识产权托管尚未充分考虑产业集群特点和区域经济差异。在杭州调研中发现，产品同质性较高的产业集聚区域不适合只委托一家知识产权服务机构全面托管。由于利益冲突等原因，同一家专利事务所无法同时代理区域内部两家企业的诉讼，而且企业也不愿意委托为竞争对手服务的专利事务所代理诉讼。对于民营经济发达地区，托管方式不一定适合，如浙江省是小政府、大市场，主要通过市场机制发挥作用，应该主要依靠市场化服务机构提供服务。而且，个别地区在知识产权托管方面存在"假代理"现象，企业托管的目的不是为了企业知识产权工作的需要，而只是出于为了获取申报奖励，获得证书等，这种现象需要进一步引起主管部门的关注。

三是服务中介组织发展水平不平衡，西部地区知识产权深层服务严重落后。中小企业缺乏知识产权信息，专业人才相对不足，亟需专业的知识产权服务机构帮助处理。这就要求专门从事知识产权服务的机构拥有充足的专业人才，有从事知识产权领域研究与实务工作的经验。但是，西部服务于中小企业的大部分中介组织在人才队伍、专业实力、服务模式等方面都存在明显不足。

四是中小企业知识产权评估中介服务滞后。由于信息不对称，中小企业知识产权价值难以确定，质押融资很难顺利开展。专利权人注重强调技术本身的先进性，对于市场前景、法律风险等问题考虑甚少；而投资人由于本身不是专业人员，对于技术本身缺乏了解，刻意强调投资的风险和难度，以压低技术的价值。这就需要中介组织对知识产权进行公平、公正的评估、评价，但国内仍缺少信誉好、收费低、业务精的中介组织。

五、对策建议

（一）改进中小企业知识产权相关制度

一是改革完善我国知识产权管理制度。借鉴美国 2011 年颁布的《美国发明法案》内容，研究提高知识产权申报、审批效率，降低专利申请与专利保有的收费水平，从根本上解决企业普遍反映的专利申请、维持费用负担过高问题。

二是完善知识产权领域专业人才培养制度。在人才政策上要有突破，如上海市目前已有专利工程师职称，建议下一步设立更加专业的高级专利工程师，纳入国家专业技术职称体系，完善专业人才培养制度。

三是建立国家级和省级"知识产权优势中小企业"的常规性评比表彰制度，定期评选出知识产权优势中小企业并给予资质认定，对企业重视知识产权发展给予正向激励。

（二）进一步完善中小企业知识产权政策体系

一是结合中小企业知识产权战略推进工程的实施方案，配套出台更有针对性和更具操作性的中小企业知识产权工作指导意见，加大政策对国家倡导的重点产业（战略性新兴产业、现代服务业、先进制造业、传统产业升级）的倾斜力度，进一步明确财政税收配套措施，对地方主管部门推进中小企业知识产权相关工作给予更全面指导，提高地方落实相关政策的可操作性，解决地方知识产权工作政策依据不充分的问题。

二是设立国家中小企业知识产权专项资金，支持中小企业知识产权战略推进工程。我国对企业层面的研发资金支持相较大专院校和科研院所一直较少，现实情况是大专院校和科研院所的知识产权成果转化率一直很低。调研显示，企业研发的成果转化率保守估计至少在 50%，因此我国知识产权成果转化率偏低问题并不在企业这个层面。因此建议增加中小企业知识产权方面的资金投入，对中小企业知识产权保申请、保有、质押融资、维权费用等活动给予补贴，同时对知识产权培训资金给予保障，从中小企业层面提高我国知识产权的成果转化率。

三是建立有效的知识产权保护制度。加强知识产权外部执法监督力度，提高执法人员的综合素质，消除地方保护主义，发挥舆论监督作用。中小企业服务机构应当帮助、引导中小企业在企业内部建立完善的知识产权管理机制，尤其是保密机制等，对于重要科技人员的流程要有完善的制度约束，加强技术合同的管理，切实保障企业的利益，营造良好的知识产权环境。

（三）强化中小企业知识产权服务体系建设

一是建立健全中小企业知识产权服务机构的绩效评估制度，加大奖惩力度。对中小企业知识产权服务机构的服务数量、服务质量、专业程度、服务内容及时进行绩效评估，明确区分政府的一般性服务和市场化的专业性服务，将是否引导市场化专业服务机构介入到企业知识产权工作也作为服务机构绩效评估的重要考核指标。

二是引入市场竞争机制，改善知识产权托管机构服务质量。托管工作实质是搭建服务平台，要引进一批中介服务机构，绝不是一家中介服务机构，进入企业园区。中小企业知识产权托管要考虑产业集群特点和区域经济发展状况，在托管机构之间建立竞争机制，对个别集聚区只有一家知识产权托管服务机构的地区，要通过适当增加服务竞争来进一步提升托管机构服务质量。而且，要加大对托管工作的监督审查力度，避免"假托管"现象的出现。

三是推广"专利预警"[1]服务建设经验。调研表明，北京市的"专利预警"服务系统对企业的帮助非常大，"专利预警"系统的"查新"功能，紧贴企业的实际需求，受到企业的广泛好评，建议将北京的"专利预警"服务经验在其他试点地区进一步推广。

---

[1] 专利预警机制，是指对将要发生的专利争端的预告制度。所说的"专利争端"包括企业经常遇到的涉及专利侵权和专利无效的纠纷。企业建立专利预警机制要以完备的专利信息资源、有经验的专业技术人员和法律人员为基础。当前，我国的企业，特别是一些人力和信息资源不足的中小企业，都建立一个完善的专利应急和预警机构是不现实的。有效的解决途径是，将专利信息资源、人才资源集中使用，成立国家级以及省、自治区和直辖市级的专利预警机构，并由这些机构为国内企业提供咨询服务。政府通过制定相关政策，鼓励和吸引专利中介机构进入企业，帮助企业提高专利预警能力。

（四）加大培训宣传，提高中小企业知识产权意识

一是要进一步加大中小企业知识产权的宣传力度。大部分中小企业仍处于知识产权工作的起步萌芽状态，中小企业集聚区目前仍有一半以上的中小企业没有过专利申请行为，知识产权意识不强，专业知识缺乏，存在侵权现象。因此需进一步加强宣传，营造良好的知识产权社会舆论氛围。

二是加大中小企业知识产权的专项培训。一方面对企业的培训重点要从帮助企业扩大专利申请数量转到提高专利申请质量上来，同时在知识产权诉讼、知识产权许可经营、海外申请和维权等方面多提供一些专业培训或讲座，还可组织企业知识产权管理人员参加一些知识产权诉讼案件的集体旁听。另一方面，需进一步加强对政府职能部门在知识产权专业领域的培训，以使不同职能部门之间实现更好的合作。

三是对企业知识产权（尤其是发明专利）质押融资给予一定的培训指导。知识产权质押融资作为中小企业融资的补充方式，对中小企业认识如何将知识产权实现产业化具有一定的借鉴意义，因此针对不同发展阶段、对不同层级的中小企业工作人员要提供不同的指导和培训服务，例如对于高管人员重点是提高意识，培训政策和案例，对于专业人员重点是讲授专业知识和技能。

第六章　创新型、创业型、劳动密集型中小企业发展

一、发展现状

（一）三种中小企业的定义

1. 创新型中小企业的定义

创新型中小企业是指以创新作为企业持续发展的必要动力，通过发明、创造、消化等方式将新的生产要素或要素组合用于生产经营活动当中，拥有一定的自主研发能力，能以创新活动获取商业利润的企业。

由于创新型中小企业既包括科技创新中小企业，又包括体制机制创新、组织创新、商业模式创新、品牌创新等非科技创新中小企业。因此，高新技术中小企业、科技型中小企业、中小型民营科技企业这三类企业都是属于科技创新中小企业的范畴，是包含与被包含的关系。

2. 创业型中小企业的定义

创业型中小企业即主要处于创业阶段的中小企业，一般特指创立三年以内的小微型企业。根据企业生命周期理论，创业型中小企业是一个动态概念，处于由种子期向成熟期逐渐发展和转型阶段，一般其规模较小，赢利能力较弱，并具有高成长潜力与高风险并存的特点。

研究和制定扶持创业型中小企业发展的政策，是贯彻落实党的十七大提出的"实施扩大就业促进以创业带动就业"总体部署的重大举措，也是有效促进中小企业持续健康发展的客观需要，具有重大的战略意义。

3. 劳动密集型中小企业的定义

劳动密集型产业是指密集使用劳动作为生产要素的产业，其主体多为中小企

业和非公有制企业，主要为农产品加工业、轻工制造业、纺织服装业、批零餐饮业、文教卫等服务业相关产业内的企业。劳动密集型中小企业是指符合劳动密集性产业特点和中小企业划型标准的企业。从国家政策法规层面，目前尚没有一个权威、明确的对劳动密集型中小企业的定量认定标准。

（二）三种中小企业的特征

1. 创新型中小企业的特征

（1）创新型中小企业以创新作为企业发展动力

创新型中小企业依靠的是将新的生产要素或新的生产要素组合运用到实际经营过程中去，通过创新来创造更大的效益，提升企业核心竞争力。

（2）创新型中小企业的创新应是持续创新

创新型中小企业持续不断地推出、实施新的创新项目（包括产品、工艺、原材料、市场、组织、制度和管理等方面），并持续不断地实现创新经济效益。

（3）创新型中小企业的创新是全面创新

创新型中小企业的创新不仅指技术创新，还包括组织结构与流程、文化、制度、市场等非技术创新。

（4）创新型中小企业的创新是自主创新

自主创新应包含原始创新、集成创新以及引进技术的消化吸收和再创新三个方面。创新型中小企业不只利用自身的资源进行独立创新，还注重对外合作与交流，从企业外部获取资源，提升创新的起点和效率。

（5）创新型中小企业的创新目的是创造新价值或经济利润

创新型中小企业通过全面创新，获得核心技术和自主知识产权，在市场竞争中获得优势，从而达到获取商业价值或经济利润的目的，实现企业经营的目标。

2. 创业型中小企业的特征

根据企业生命周期理论，创业型中小企业是一个动态概念，处于由种子期向成熟期逐渐发展和转型阶段，一般其规模较小，赢利能力较弱，并具有高成长潜力与高风险并存的特点。

根据清华大学《全球创业观察中国报告》，我国的创业活动呈现以下特点：

第一，中国的创业活动在全球仍然属于活跃状态。在全球创业观察的 60 个参与成员中排名 15 位。不仅高于像美国、英国、法国、德国等这些发达国家，还有日本、韩国、我国台湾地区等亚洲地区的发达经济体，也高于南非、俄罗斯等新兴国家。只有巴西与我国的创业活跃程度相当。

第二，创业的动机依然保持机会型创业和生存型创业并存的状态。机会型创业的比重尽管高于生存型创业，但机会型创业的比重并没有显著提高。这表明，我国的高素质创业者比重需要逐步上升的过程，扶持生存型创业者仍应当是我国促进创业的着力点。

第三，高学历创业者（指获得大专及以上学历的创业者）的创业活跃程度排在全球创业观察的60个参与成员中的第22位，低于总体创业活动比较中国在全球的排名，反映出我国高学历创业者在全球创业比较当中较不活跃。同时，报告中显示，大学生创业对资金的需求不高，10万元以下的比重为49.75%。其中，5万元以下的比重是34.63%。大学生创业偏好的行业是顾客服务类的行业，有近90%的学生选择这类行业。

3. 劳动密集型中小企业的特征

劳动密集型中小企业具有存在广泛性、费用低成本性、不可替代性、发展阶段性、就业高适应性等特点。

二、存在问题

创新型、创业型、劳动密集型中小企业发展中存在的问题主要有以下几个方面：

（一）经营成本上升制约企业快速发展

金融危机以来，国内中小企业面临着劳动力成本上升，能源、原材料价格上涨等成本上升压力，直接压缩企业经营利润，导致企业出现亏损，甚至倒闭情形。尤其对于劳动密集型中小企业而言，员工薪酬水平不断上升和社保负担不断加重等用工成本上升带来企业经营利润降幅达50%以上。特别是出口贸易型中小企业，利润水平仅为3%—5%，受成本上涨影响较为明显。

（二）缺乏资金，融资难、贵仍是重要制约因素

我国中小企业在发展过程中持续面临着缺乏资金，融资难、贵等问题，制约企业持续、快速发展。由于中小企业发展速度快，资金需求旺盛，而当前以满足

国有、大型企业资金需求为主的金融系统无法很好地满足中小企业的融资需求。中小企业融资担保难的"瓶颈"难以突破，缺乏贷款抵、质押物，银行贷款思路、条件和程序不能满足中小企业的需求。同时，财政资金支持力度远远不足，种种因素导致中小企业严重缺乏资金，增长乏力。

（三）缺乏高素质专业人才保障

近年来，劳动力成本大幅上升，中小企业用工难、用工贵、缺乏专业技术人才等问题成为制约中小企业可持续发展的另一个重要瓶颈。特别是对于创新型中小企业而言，企业成活期短，增长率高，要求有强大的技术创新人才队伍作为支撑，急需高素质的专业人才队伍，但用工难严重制约创新型中小企业发展。

（四）自主创新能力不足

目前我国中小企业仍处于低水平的粗放发展阶段，其整体技术创新能力相当薄弱。自身缺乏专业技术人才和技术改造投入不足是企业技术创新能力不足的重要原因。

（五）服务体系尚待健全

从政策环境看，目前一些扶持性政策扶持对象较窄，手段系统性不足，中小企业需要的技术支持、员工培训、信息咨询等社会化的服务体系尚很欠缺。为中小企业提供技术、质量等公共服务支撑体系不足成为影响中小企业健康发展的重要因素之一。随着技术创新行为的活跃，中小企业对于提供技术创新、技术交流、质量检测检验等公共服务支撑体系的需求不断提高，亟需政府加大投入，强化技术公共服务，完善服务体系建设，为中小企业提供更多切实的支持和服务。

（六）政策扶持方向需要优化

调查显示，仍有近40%的企业未享受到政府的扶持政策，表明当前政策扶持的广度和深度仍不够，针对性不强，不能充分满足中小企业需求。其原因在于申请扶持政策的手续繁琐，缺乏了解政策信息的渠道以及申请操作步骤和信息不明等。因此，需要进一步拓宽中小企业发展政策信息发布渠道，提高政策的透明度和执行力。加大财政资金直接扶持力度，支持企业技术改造或创新，采用贴息支持、税收减免等手段，加强融资支持、税费减免、规划引导、市场开拓等支持，逐步满足中小企业政策需求，促进中小企业健康发展。

（七）企业自身管理水平亟待提升

当前，我国中小企业普遍存在生产设备落后、财务管理不规范、企业经营行为不规范等问题，企业尚未完成建立现代企业管理制度，管理水平不高，经营效率低，管理效果差。

三、对策建议

（一）促进创新型企业发展的政策措施建议

1. 完善中小企业加计扣除政策

为鼓励中小企业研发活动，建议出台文件，对符合创新型中小企业标准的所有中小企业，实施所得税加计扣除。同时，建议提高创新型中小企业的研发费用税前扣除比例，简化对企业报送材料的要求。目前，《企业研究开发费用税前扣除管理办法（试行）》规定，企业研发费用可按两种途径予以扣除，未形成无形资产的按费用的50%抵扣当年的纳税额，形成无形资产的按资产价值的150%在10年内进行摊消。根据统计数据，符合创新型中小企业标准的规模以上小型企业的研发费用约为760亿元，在两种情况下其纳税额减免分别为380亿元（当年）和1140亿元（10年摊消，约114亿元/年），按25%的所得税率计算，分别减少税收约95亿元和285亿元（每年减少约28.5亿元）。

2. 强化创新型中小企业资金支持手段

在现有的"中小企业发展专项资金"中，设立创新型中小企业扶持专项资金，逐步扩大专项资金的规模，通过拨款资助、贷款贴息和资本金投入等方式，直接扶持创新型中小企业。2011年中小企业发展专项资金为29.2亿元，以项目支持的方式实施，单个项目资助金额不超过200万元，扶持企业约1500家。建议扩大专项资金中对创新型中小企业的扶持力度，将50%的资金用于支持创新型中小企业发展，若按单个企业扶持50万元计算，则可支持企业约3000家。为此，可建立企业筛选机制，选取有潜力、有基础的企业作为重点扶持对象，发挥引领带头作用。

3. 其他税收优惠措施

参照外商再投资退税政策，对创新型中小企业实行再投资退税政策，对创新型中小企业以再投资方式增加的研发投入，可将相当于投资额 50% 的企业所得税款退还给再投资者。包括厂房、建筑、设备等不动产在内的固定资产也可享受增值税、营业税税款退税政策。

参照技术改造项目、大型环保设备、重大技术装备等免征进口税政策，对创新型中小企业为技术研发而进口的设备、配件、原材料等，免征进口关税和进口环节增值税。

4. 加大专业人才支持力度

一是加强"产学研"合作，充分发挥教育在科技人才培养中的基础性作用，依托高等院校、科研机构和中小企业园区，建设一批创新型人才培养基地；二是改进人才培养和管理机制，对中小企业聘用中高级人才给予资助补贴，从住房、子女教育、落户等方面落实具体扶持措施，创造良好的人才培育环境，帮助企业留住人才；三是加强职业教育与在职培训，组织中小企业管理、营销、研发等专业人员培训，给予相应培训补助，引导创新型中小企业提升专业人员素质。

5. 健全完善技术公共服务支撑体系

要根据创新型中小企业的需求，加强技术、质量、市场开拓以及法律等支撑服务；不断扩大技术公共服务体系的覆盖范围，持续提升技术公共服务水平，加快技术公共服务体系建设；在规划和建设小企业创业基地时，规定合理标准的配套技术公共服务平台，有效落实用地指标和资金保障。

6. 引导鼓励企业知识产权建设

大力实施中小企业知识产权战略工程，组织知识产权专题培训，不断增强中小企业的专利保护意识与知识产权运用能力；加大知识产权保护执法力度，降低创新型中小企业知识产权申请与维护费用，提供便利化的知识产权管理和服务；引导和支持中小企业知识产权公共服务机构发展，促进市场化专业服务机构与创新型中小企业有效供需对接。

（二）促进创业型企业发展的政策措施建议

1. 落实财政配套扶持专项资金

按照政策受惠范围的界定条件，预计每年新增微型企业300万户，建议针对其中的生存型创业，政策覆盖面占新增微型企业的30%，约90万户。创业者可以获得由财政提供的资本金补助资金，其数额应当控制在注册资本或者出资额的50%以下。

方案一：按平均每户新增微型企业需要财政补助5万元计，每年财政需投入资金总额约450亿元。其中，按中央财政与地方财政各分摊50%比例，中央财政每年需安排预算资金225亿元，地方财政每年需安排配套资金225亿元。

方案二：按平均每户新增微型企业需要财政补助3万元计，每年财政需投入资金总额约270亿元。其中，按中央财政与地方财政各分摊50%比例，中央财政每年需安排预算资金135亿元，地方财政每年需安排配套资金135亿元。

与此同时，财政资金直接补贴支持微型企业创业，可以减少对下岗失业人员的社会保障费用支出，按1000万人乘以2000元年人均低保标准计，保守计算每年大约可减少200亿元财政支出。

2. 给予财税政策支持

微型企业自成立的次年起，可以按照其缴纳的企业所得税、营业税、增值税申请享受财政补贴，补贴累计总额以微型企业注册资本或者出资额等额为限。对微型企业的税收征收方式，微型企业可以自愿申请选择查账征收或者核定征收，但除国家明令禁止核定征收的行业之外；实行核定征收的，其税收核定的实际税收负担与同行业、同路段、同规模个体工商户税收负担相当。微型企业办理证照、年检、年审等手续，三年内免收各类行政性收费。

为微型企业或者其创业者提供金融服务的银行机构应当在7个工作日内为微型企业或者其创业者开立账户，开展小额担保贷款、创业扶持贷款等金融服务。鼓励银行和其他金融机构创新金融服务产品，提高对微型企业的金融服务水平。

3. 鼓励小企业创业基地发展

地方政府应当依据土地利用总体规划，编制和实施城乡规划，统筹考虑小微型企业用地，依法保障小微型企业发展用地。鼓励设立小微型企业创业基地，为吸纳小微型企业入驻创业基地提供政策支持，鼓励在现有经济技术开发区、工业园区等建立小企业创业基地。支持建设和改造小企业创业基地的基础设施、创业场地和服务设备设施等，为广大创业者提供便利的生产经营场所。

参照国家有关科技企业孵化器有关税收优惠政策，将对于小企业创业基地给予扶持。对符合条件的小企业创业基地提供给创业企业使用的房产和土地等，免征房产税、城镇土地使用税。对小企业创业基地向创业企业出租场地、房屋以及提供创业服务而产生的收入，免征营业税。

4. 建立统筹协调的工作机制

创业型中小企业的相关政策涉及工业和信息化部、财政部、工商行政管理总局、人力资源和社会保障部等多个部委，建议由工信部牵头，建立跨部门、跨行业、跨区域的工作协同机制。其中，工业和信息化部负责总体协调，编制创业微型企业发展规划，工商部门负责微型企业注册登记，财政部门负责微型企业创业扶持资金的筹措、拨付、监管，人力资源和社会保障部门负责指导、监督微型企业创业培训工作，税务部门负责微型企业的税收征管和税收优惠政策执行工作，金融部门负责指导和协调金融机构开展金融服务和贷款支持工作。

5. 培育鼓励创业的文化和商业软环境

采取各种措施营造浓厚的创业文化氛围，激励各类人才开展创业。开展全民创业教育，培养创业精神、树立创业意识，增加创业教育在各层次的学校教育的比重。鼓励表彰先进的创业型中小企业，树立创业标杆，大力宣传推广。针对机会型创业活动的需求，继续完善风险投资机制，吸引民间资本和天使投资，拓宽风险投资企业融资和退出渠道，降低创业板和中小板的准入门槛。

（三）促进劳动密集型中小企业发展的政策措施建议

1. 切实降低劳动密集型中小企业经营负担

一是针对社保负担过重问题出台优惠扶持政策，降低企业用工负担。实施劳动密集型中小企业以社会保险费抵扣企业所得税，按当年缴纳的员工社会保险额中 20% 抵免企业所得税，并在未来三年内逐步提高抵免比例。对于产品有市场、发展有前景但暂时无盈利的劳动密集型中小企业比照上述抵免所得税政策给予相应财政补贴。

二是加大税费减免政策执行力度。落实中央和省级财政、价格主管部门已公布的取消行政事业性收费的规定，对符合条件的劳动密集型中小企业免征相关行政事业性收费。落实国家出口退税政策，协助劳动密集型中小企业准确及时退税。贯彻《国务院关于进一步支持小型微型企业健康发展的意见》（国发〔2012〕14号），落实提高增值税和营业税起征点政策，并在轻工、纺织等劳动密集型中小企业集中的区域开展进一步提高起征点试点工作，将营业税起征点提高到10万元，增值税享受15%的优惠税率。

三是推广实施新增岗位补贴。对符合劳动密集型中小企业条件的，年新增就业人数达到10%以上的，按照新增员工数给予企业5000元/人的财政补贴。

四是利用产业转移来降低经营成本。综合考虑资源、环境容量、市场空间等因素，发挥区域比较优势，引导劳动密集型中小企业有序从东部地区向中西部和东北地区转移。充分发挥中西部、东北地区土地、劳动力、原料、能源等比较优势，降低生产经营成本，提高产品市场竞争力。

2. 引导企业转型升级，转变发展模式

一是鼓励劳动密集型中小企业走"专、精、特、新"发展道路。突出地区优势和特色，发展产业集群。开展试点示范工作，推动劳动密集型中小企业专业化、精细化、特色化、新颖化发展，适应个性化、多样化市场需求，提升协作配套水平，提高市场竞争力。

二是引导企业绿色低碳发展。坚持把资源节约、环境友好作为劳动密集型中小企业未来发展方向。推广绿色、环保技术，淘汰落后产能，探索节能降耗途径，提高能源综合利用率。加强重点耗能行业节能管理，推动能源审计和能效对标活动，降低能源消耗和"三废"排放。大力发展技术含量多的劳动密集型产业以及高新技术产业中的劳动密集型生产环节是发展方向。为此，要下决心淘汰那些污染环境、资源消耗多、安全性差、损害健康的落后的劳动密集型企业。

三是引导企业加强技术改造，提高工艺水平。对劳动密集型产业的发展要进行区别对待，对劳动密集与先进技术在企业内有机结合的发展模式要给予重点鼓励与扶持。探索实施"劳动密集型中小企业改造提升计划"，在中小企业发展专项资金和其他中小企业扶持资金中，安排一定比例的资金支持劳动密集型中小企业提升技术实力。鼓励淘汰落后工艺技术和设备，加强信息技术应用，提升生产效率，提高产品质量、档次和附加值。

3.完善劳动密集型中小企业优惠扶持政策

一是完善劳动密集型中小企业金融扶持措施。协调银行业金融机构,提高对劳动密集型中小企业的信贷规模和比重。引导金融机构扩大贸易融资规模,降低贸易融资成本。鼓励和引导中小企业信用担保机构加大对劳动密集型中小企业的支持力度,鼓励出口信用保险机构支持劳动密集型中小企业开拓国际市场。积极开展上市与集合债、集合票据、集合信托发行等直接融资培训及咨询服务,指导劳动密集型中小企业利用抵押、质押担保进行融资。采取融资服务洽谈会、推介会等多种形式推动银企对接。

二是加大政府采购对劳动密集型中小企业的支持。积极宣传政府采购政策,为企业参与政府采购提供帮助。鼓励大中型企业与小型微型企业组成联合体共同参加政府采购,鼓励担保机构为小型微型企业参与政府采购提供投标担保、履约担保和融资担保等服务。

三是提高贸易优惠政策对劳动密集型中小企业的扶持力度。有效落实国家关于简化通关审批手续、调减法定检验检疫目录、减少进出口环节行政事业性收费和经营服务性收费环节、降低收费标准等政策,为劳动密集型中小企业出口提供便利条件,扩大其在出口市场上的份额。

4.提高劳动密集型中小企业内部核心竞争力

一是鼓励自主创新,培育核心能力。鼓励企业加大研发投入,加强产学研合作,支持劳动密集型中小企业单独或联合建立具有行业特色的企业技术中心,加强关键共性技术的研发和推广。提高知识产权的创造、保护、运用和管理水平,通过调整和创新,努力创造新的经济增长点和新的竞争优势,加快提升劳动密集型产业的整体核心竞争力。用现代实用技术改造传统劳动密集型产业,使劳动密集型产品从"数量型"向"质量型"转换。

二是实施质量战略和品牌战略。鼓励劳动密集型中小企业采用新技术和新标准,提高产品质量水平。推动企业开展质量承诺活动,提高质量诚信自律水平。支持企业实施品牌战略,加强品牌建设指导,引导企业加强品牌建立、定位、传播和维护等工作。

三是提升员工素质,完善企业内部管理。探索多种方式支持劳动密集型中小企业稳定就业岗位,加强劳动保护,改善劳动环境,构建和谐劳资关系,提高劳动合同签订率与员工社保参保率。鼓励劳动密集型中小企业开展多层次的员工培训，落实《国务院关于加强职业培训促进就业的意见》（国发〔2010〕36号），执行职业培训补贴政策规定。

5. 健全劳动密集型中小企业服务体系建设

一是建立劳动密集型中小企业服务机构间的资源共享机制，鼓励各类服务机构加大对劳动密集型中小企业的支持，促进公共服务平台网络在省际互联互通、资源深度共享。

二是重点加强对劳动密集型中小企业开拓市场方面的服务支持。实施"中小企业市场拓展计划"，搭建中小企业网络交易平台，鼓励电子商务应用。支持劳动密集型中小企业到新兴市场参展办展。加强行业自律，规范中小劳动密集型中小企业进出口经营秩序。

三是针对劳动密集型中小企业技术需求特点，加强公共技术支持平台建设。提高各类服务机构对劳动密集型中小企业在技术改造指导、专利申请、预警等方面的针对性服务和支持。

四是加大对劳动密集型中小企业的培训服务。可借鉴国际经验，组织地方政府、相关部门、企业三方共同参与设立的培训机构，建立政府引导、企业主导、社会参与的培训机制，各级财政可以考虑对劳动密集型中小企业参加培训给予一定补贴，提高培训覆盖面。

第七章　中小企业服务组织

一、发展现状

从广义上讲，中小企业服务体系是为中小企业提供服务的总体概念，涵盖法律、法规、政策等制度因素，政府、半官方和民间组织等主体因素，信息服务、融资担保服务、科技创新服务、创业辅导服务、市场开拓服务等内容因素等。

我国中小企业服务体系是与中小企业服务相关的一个大系统，既包括政府、半官方和民间的各种组织机构，也包括国家制定有关中小企业的各种法律、法规和政策，以服务各类中小企业为主旨，以营造公平、开放的经营环境为目的，按照社会化、市场化、专业化的发展方向以及"政府支持中介、中介服务中小企业"的方式，提供共性服务和个性服务，形成为中小企业成长和发展提供多层次、多渠道、多功能、全方位、专业化和低成本的服务网络。从狭义上讲，中小企业服务体系包括信息服务体系、融资担保体系、信用服务体系、教育培训体系、管理咨询服务体系、科技创新服务体系、创业辅导体系、市场开拓服务体系等九大方面。

2010 年 4 月 6 日，工业和信息化部等七部委联合发布的《关于促进中小企业公共服务平台建设的指导意见》中对中小企业公共服务平台界定为：服务平台一般是指按照开放性和资源共享性原则，为区域和行业中小企业提供信息咨询、技术创新、质量检测、法规标准、管理咨询、创业辅导、市场开拓、人员培训、设备共享等服务的法人实体。中小企业公共服务平台提供的服务包括公共服务和准公共服务。

2010 年 5 月 24 日，工业和信息化部出台的《国家中小企业公共服务示范平台管理暂行办法》中指出"国家中小企业公共服务示范平台是指经工业和信息化部认定，由法人单位建设和运营，为中小企业提供各类公共服务，业绩突出、公信度高、服务面广，具有示范带动作用的服务平台。示范平台具有开放性和资源共享的特征，提供的公共服务主要包括：信息、技术、融资、质量、节能、环保、创业、培训、管理、商务、现代物流等。示范平台可以是具有多种服务功能的综合性平台，也可以是某一方面服务功能突出的专业平台。"

中小企业服务平台是指按照开放性和资源共享性原则，以满足中小企业生产经营中的共性或个性需求为目的，提供技术、信息、管理、创业、市场、培训等方面服务的实体，有必要的设施设备和人员配置，包括综合性平台和专业化平台。中小企业服务组织是中小企业服务体系中的服务提供方（服务主体），一般是法人单位。中小企业服务平台是为中小企业提供共性服务或个性服务的实体（服务载体），有必要的设施设备和人员配置。中小企业服务组织是中小企业服务体系的基本组成部分，是服务体系的细胞。中小企业服务平台是由中小企业服务组织依特定的契约、组织形式和协同服务模式组成的服务主体，是由具有明显集聚服务资源特性、能为多数中小企业提供综合或专业服务的服务组织承担，并能带动其他服务组织共同为中小企业提供服务的中小企业服务载体。中小企业服务平台只是服务体系当中的一种特定的表现形式，并不是所有的服务组织都以服务平台的形式出现。

（一）我国中小企业服务组织的总体状况

为深入了解我国中小企业服务组织的发展现状，我们对有关省市中小企业服务组织进行了问卷调查，并赴重庆、长沙等地进行了调研。在回收的 1052 份调查问卷中，得到 1039 份有效问卷[1]作为样本总体，占回收总量的 98.8%。在分析具体问题时，进一步排除了部分无效回答的问卷，该问题所对应的样本总量在1039 份的基础上有所调整，不再一一赘述。

1.我国中小企业服务组织的构成

对我国中小企业服务组织的构成分析可从两个维度考虑，一是从机构性质来看，我国中小企业服务组织以企业为主。根据调查数据，企业性质的中小企业服务组织占调查样本总量的 53%，其次为民办非企业和事业单位，占总量的比例均

---

[1] 在这1039家中小企业服务组织中，来自中部（安徽、山西、黑龙江）的有156家；西部（四川、青海、陕西、重庆）的有339家；东部（北京、广东、福建、江苏、山东、宁波、大连）有552家，样本的选择符合中小企业的地区分布，即东部中小企业速度较多，中西部中小企业增长速度加快。

为18%。政府性质的中小企业服务组织数量最少，仅占2%。这表明我国为中小企业提供服务的机构中，以企业和社会中介机构为主，政府直接提供服务的极少。

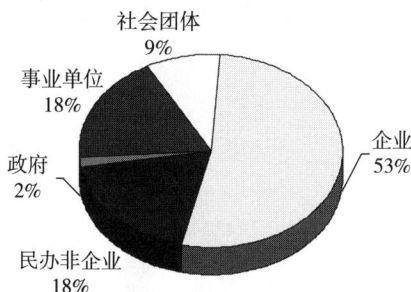

图7-1 我国中小企业服务组织的分类—按机构性质

资料来源：赛迪智库中小企业研究所。

二是从成立方式上看，由企业出资是中小企业服务组织的主要成立方式，占总量的38%。其次是由政府出资建立，占22%，这其中主要包括全资拨款的事业单位，这类组织一般是从原有行政序列中剥离出来的机构，有些还被赋予一定的行政职能。

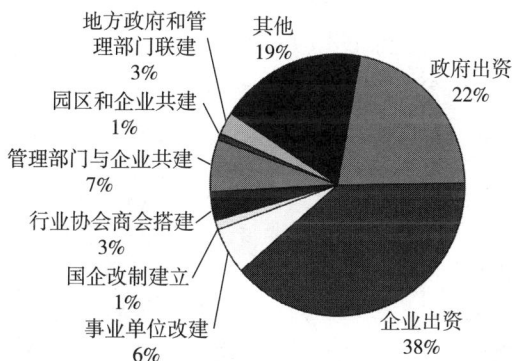

图7-2 我国中小企业服务组织的分类—按成立方式

资料来源：赛迪智库中小企业研究所。

2.我国中小企业服务组织的服务类别

总体来看，我国中小企业服务组织共为中小企业提供包括信息服务、投融资服务、创业服务、人才与培训服务、技术创新和质量服务、管理咨询服务、市场开拓服务和法律服务等8类服务。

根据调查数据，我国中小企业服务组织表现出一定的综合性特征（如图7—3），即能为中小企业提供上述 8 类服务的组织占总体的 8.26%，提供 7 类服务的占 7.08%，有 24.19% 的服务组织专为企业提供 1 项服务。

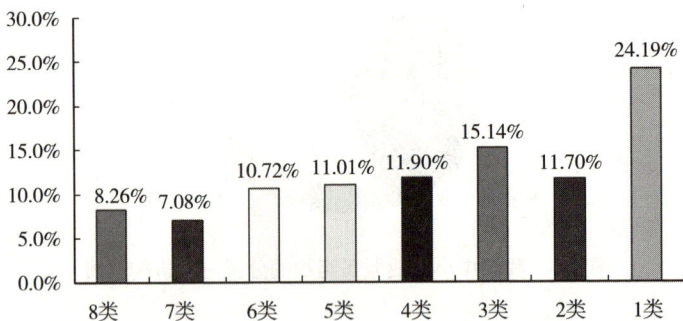

图7-3　我国中小企业服务组织提供的服务类型数量占比

资料来源：赛迪智库中小企业研究所。

中小企业服务组织所能够提供的服务内容中，最多的是信息服务，占服务总项数的 17.05%，其次是管理咨询和培训服务，分别占 16.17% 和 15.57%。市场开拓和法律服务比例最低，仅占总量的 9% 和 7.71%。从所提供服务的类别来看，当前我国中小企业服务组织所提供的服务大都停留在信息、培训、咨询等基础性服务上，而在技术服务、质量与品牌、市场和法律等环节仍显薄弱。

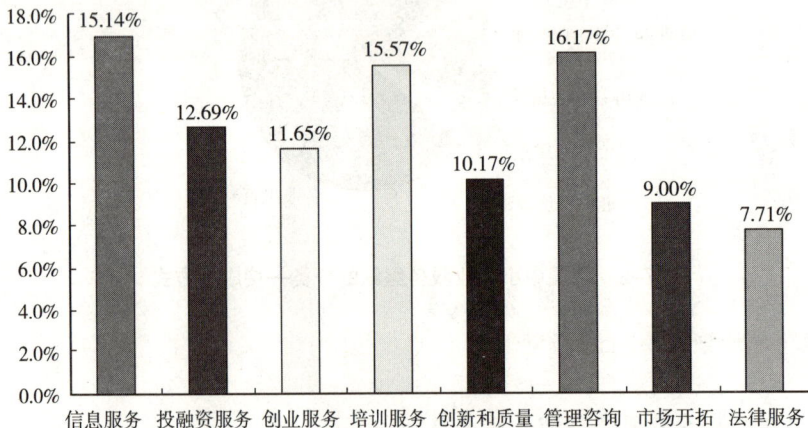

图7-4　中小企业服务组织提供各类服务的比重

资料来源：赛迪智库中小企业研究所。

3. 我国中小企业服务组织的服务对象

根据调查数据，在服务对象中，中型、小型和微型企业所占的比重分别为 14.38%、46.84% 和 30.08%，所服务小微型企业比重合计达到 76.92%（如下图）。

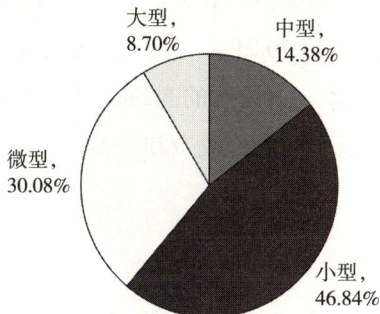

图7-5　按企业规模划分的我国中小企业服务组织的服务对象

资料来源：赛迪智库中小企业研究所。

在被调查的服务组织中，以小型微型企业为主要服务对象（即在所服务的企业中，小微企业占 80% 以上）的服务组织占样本总量的 53.6%。同时，以小型企业为主要服务对象（小型企业占 80% 以上）的服务组织占总体的 11.65%，以微型企业为主要服务对象（微型企业占 80% 以上）的服务组织占总体的 6.18%。这表明，主要以微型企业为主要服务对象，并为其提供针对性服务的组织仍是少数。

从所服务中小企业的地域分布特点看，有 18.06% 的服务组织表示，其所服务的企业 80% 以上是园区内的企业；有 20.02% 的服务组织表示，其服务的企业 60%—80% 在园区中。有 61.92% 的服务组织表示，所服务的企业大部分不在园区内。这表明被服务企业的集聚性特征并不突出，或者说服务组织尚未形成为产业集群集中提供服务的模式。

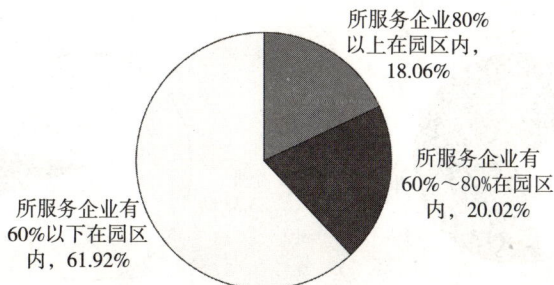

图7-6　按是否在园区内划分的中小企业服务组织所服务企业的情况

资料来源：赛迪智库中小企业研究所。

（二）公益类、营利类、混合类服务组织现状分析

1.三类中小企业服务组织的比例

调查数据显示，为中小企业提供的服务全部为免费服务的组织，即公益类服务组织有210家，占调查总量的20.21%。所提供的服务全按市场价格收费的组织，即营利类服务组织有54家，占总量的5.2%。混合类服务组织所提供的服务中既有按市场价收费，也有低于市场价收费和免费服务，共有775家，占总量的74.59%。

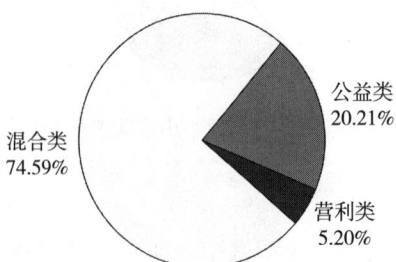

图7-7　三类中小企业服务组织的比重

资料来源：赛迪智库中小企业研究所。

2.三类服务组织的构成

从调查数据来看，我国中小企业公益类服务组织以事业单位和社会团体为主，分别占公益类服务组织总体的50.95%和16.67%；营利类组织以企业为主，占总体的83.33%；而混合类服务组织以企业为主，占比为61.68%，其次是民办非企业和事业单位，分别占混合类组织的19.23%和10.19%。

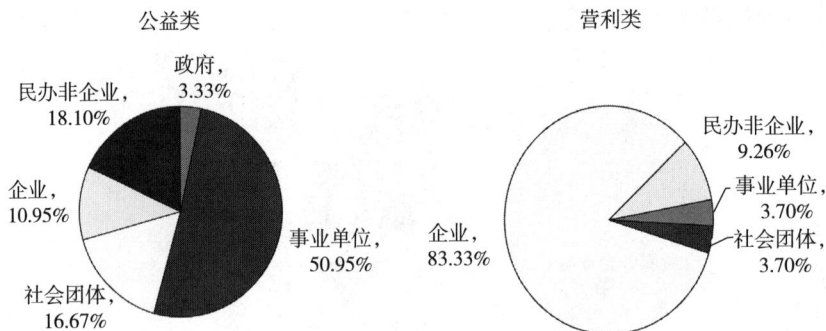

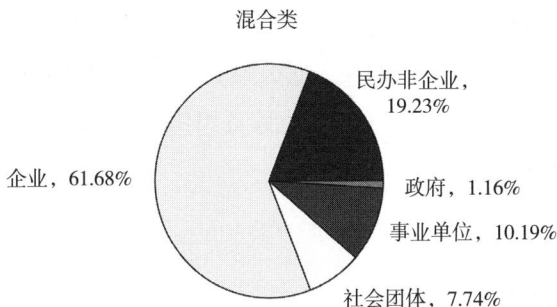

混合类

民办非企业，19.23%

企业，61.68%

政府，1.16%

事业单位，10.19%

社会团体，7.74%

图7-8 公益类、营利类、混合类服务组织的属性分布

资料来源：赛迪智库中小企业研究所。

从成立方式看，公益类服务组织主要由政府出资建立，占公益类组织的52.48%，如由财政全额拨款的事业单位等；营利类服务组织以企业出资建立为主，占营利类组织的53.85%；混合类服务组织以企业和政府出资建立为主，分别占混合类组织的46.71%和14.63%。

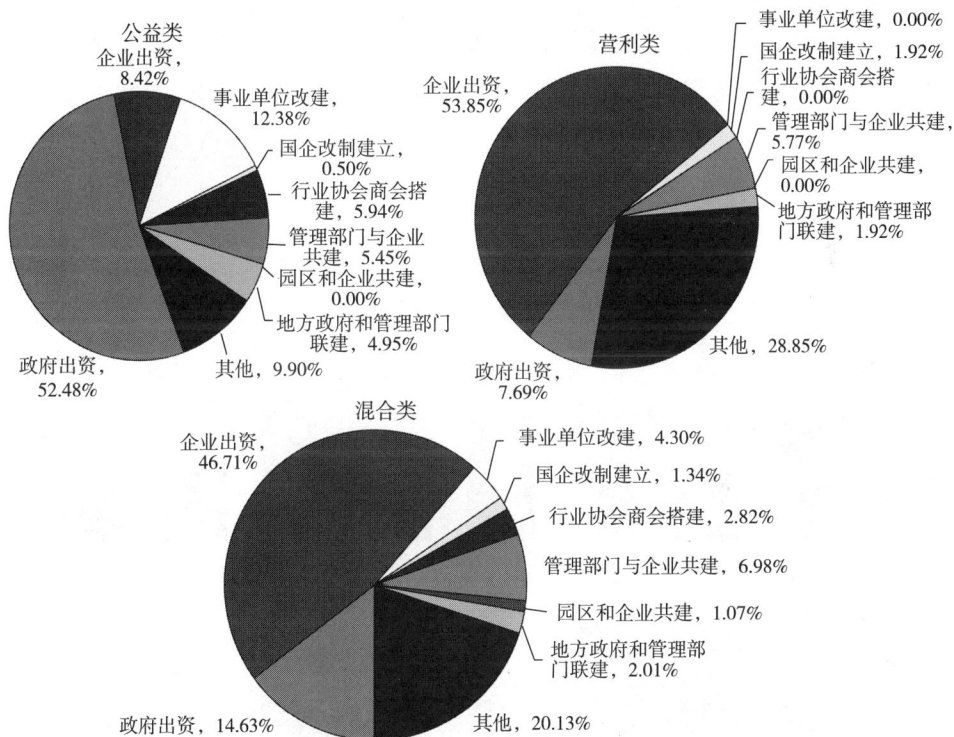

公益类

企业出资，8.42%

事业单位改建，12.38%

国企改制建立，0.50%

行业协会商会搭建，5.94%

管理部门与企业共建，5.45%

园区和企业共建，0.00%

地方政府和管理部门联建，4.95%

政府出资，52.48%

其他，9.90%

营利类

企业出资，53.85%

事业单位改建，0.00%

国企改制建立，1.92%

行业协会商会搭建，0.00%

管理部门与企业共建，5.77%

园区和企业共建，0.00%

地方政府和管理部门联建，1.92%

政府出资，7.69%

其他，28.85%

混合类

企业出资，46.71%

事业单位改建，4.30%

国企改制建立，1.34%

行业协会商会搭建，2.82%

管理部门与企业共建，6.98%

园区和企业共建，1.07%

地方政府和管理部门联建，2.01%

政府出资，14.63%

其他，20.13%

图7-9 按成立方式划分的三类服务组织的构成

资料来源：赛迪智库中小企业研究所。

从人员构成看，营利类服务组织的人员学历构成相对较高。在营利类服务组织中，大专及以上人员比重为82.43%，而公益类和混合类服务组织的这一比例分别为81.63%和79.25%。这反映出市场化服务组织在人员素质、人力资源水平等方面要优于公益类服务组织。

大专及以上人员占比

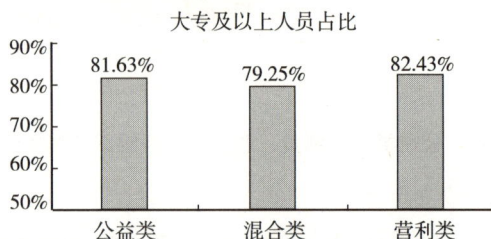

图7-10　三类服务组织人员学历构成

资料来源：赛迪智库中小企业研究所。

3.三类服务组织的服务内容

从提供的服务内容看，公益类服务组织为中小企业提供的信息服务最多，其次是培训服务和管理咨询服务，分别占服务总量的17.17%、15.8%和15.32%。营利类服务组织为中小企业提供的服务中，投融资服务最多，占总量的34.21%，

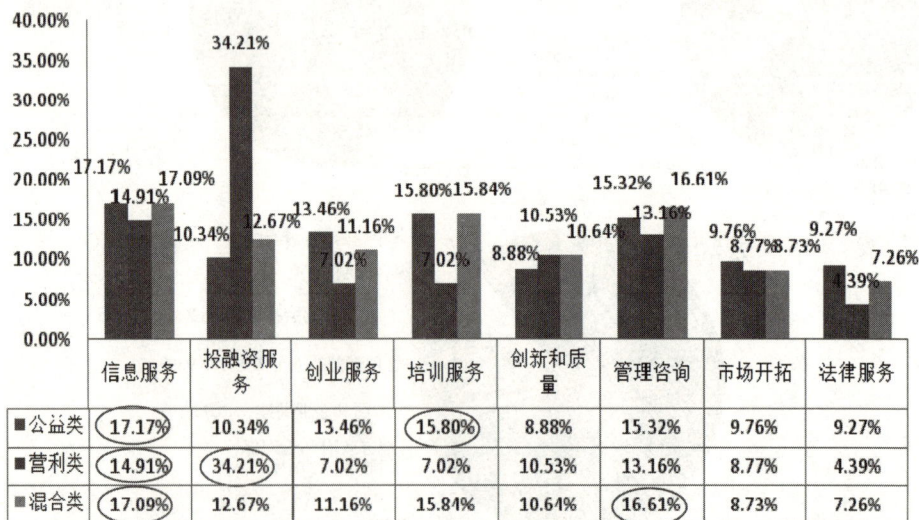

	信息服务	投融资服务	创业服务	培训服务	创新和质量	管理咨询	市场开拓	法律服务
■公益类	17.17%	10.34%	13.46%	15.80%	8.88%	15.32%	9.76%	9.27%
■营利类	14.91%	34.21%	7.02%	7.02%	10.53%	13.16%	8.77%	4.39%
■混合类	17.09%	12.67%	11.16%	15.84%	10.64%	16.61%	8.73%	7.26%

图7-11　三类服务组织的服务情况

资料来源：赛迪智库中小企业研究所。

其次是提供信息服务和管理咨询，分别占 14.91% 和 13.16%。混合类服务组织提供的信息服务、管理咨询和培训服务最多，占比分别为 17.09%、16.61% 和 15.84%。可以看出，市场化的服务组织将重心放在中小企业的瓶颈问题融资服务上。

从服务对象看，公益类服务组织的企业客户中，小微企业平均占比为 77.85%，充分体现了公益类服务服务小微企业的特点。在营利类和混合类服务组织中，这一比例分别为 76.75%% 和 75.45%。

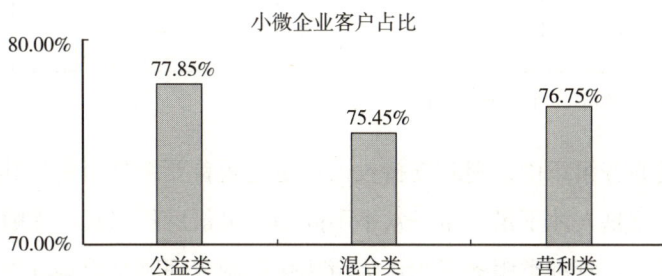

图7-12　三类服务组织服务小微企业情况

资料来源：赛迪智库中小企业研究所。

二、存在问题

据调查，我国中小企业服务组织所面临的问题主要包括缺乏财政支持、缺乏规划引导、人才不足和市场化机制不顺等。

在公益类服务组织中，有 128 家认为首要困难是财政支持投入不足，占 60.95%，其次是缺乏规划引导，第三是人才不足。调研中，有地方反映政府采购在购买中小企业公共服务方面的经费投入规模明显不足，对公益性服务的资金支撑力度不够。同时，对于从事公益性服务的中小企业服务组织，缺乏完备且充足的激励措施，部分公益类机构面临不可持续的困境，提供公益服务的积极性不高。同时，部分地区表示，服务组织所需相关专业人才不足，特别是具有丰富工作经验和复合知识背景的从业人员比较缺乏。

表 7-1   公益类服务组织的主要困难

主 要 困 难	排位1	排位2	排位3	加权得分	重要性排位
财政支持投入不足	128	2	0	646	1
缺乏规划引导	24	53	20	299	2
人才不足	10	47	39	230	3
市场化机制未理顺	13	40	3	188	4
服务水平不高	10	8	4	78	5
服务资源不足	2	9	29	66	6
对中小企业需求不熟悉，服务不到位	8	1	0	43	7
信息化水平低	3	0	1	16	8

资料来源：赛迪智库中小企业研究所。

　　在营利类服务组织中，财政支持投入不足仍是首要困难因素，其次是市场机制未理顺，第三是人才不足，服务水平不高是排名最后的因素。除财政投入不足这一共性因素外，营利类服务组织认为市场化机制未理顺是影响其服务业务开展的重要因素。调研中，部分地区反映市场化服务组织发展相对滞后，服务供给与企业需求的对接尚不顺畅，社会化、市场化服务组织发育不足，中小企业服务的市场潜力尚未充分挖掘。在人才培养方面，虽然营利类服务组织中，本科以上学历人员为主的占70%以上，但仍将人才不足作为其第三大困难，反映出中小企业服务领域专业性、复合型人才缺乏的严重性。人才是决定服务质量的基础，建立完善的人才培养机制是提升中小企业服务质量，切实解决中小企业经营问题的重要环节。

表 7-2   营利类服务组织的主要困难

主 要 困 难	排位1	排位2	排位3	加权得分	重要性排位
财政支持投入不足	26	2	1	137	1
市场化机制未理顺	3	16	4	67	2
人才不足	7	7	2	58	3
缺乏规划引导	6	1	6	39	4
服务资源不足	2	4	7	29	5
对中小企业需求不熟悉，服务不到位	3	0	0	15	6
信息化水平低	2	1	1	14	7
服务水平不高	0	2	0	6	8

资料来源：赛迪智库中小企业研究所。

在混合类服务组织中，除财政支持不足外，市场机制不顺、缺乏规划引导和人才不足是最主要的困难因素。

表7-3　混合类服务组织的主要困难

主 要 困 难	排位1	排位2	排位3	加权得分	重要性排位
财政支持投入不足	480	17	9	2460	1
市场化机制未理顺	87	205	21	1120	2
缺乏规划引导	88	166	70	1062	3
人才不足	45	149	124	751	4
服务资源不足	7	34	79	216	5
信息化水平低	19	15	21	161	6
服务水平不高	16	17	3	134	7
对中小企业需求不熟悉，服务不到位	16	12	3	119	8

资料来源：赛迪智库中小企业研究所。

调研中发现，中小企业服务组织扩大客户规模的周期较长，需要政府给予有效规划和引导，加大扶持力度，加快实现服务组织与中小企业的供需对接。在实际操作中，部分地方政府和主管部门对中小企业服务体系建设的重要性认识不够，政策支持力度欠缺。同时，当前中小企业主动寻求外部专业化服务的意识也有待培养。

（一）政策宣传力度有待加强

根据2012年工信部对全国1933家中小企业[1]的调研结果显示，有1574家企业知道中小企业公共服务平台，了解的主渠道依次为政府部门、中小企业服务组织和行业协会。

---

[1]　2012年7—8月工信部组织全国13个省市内的2634家中小企业进行调研，其中来自中部（安徽、山西、黑龙江）的有413家；西部（四川、青海、陕西、重庆）的有954家；东部（北京、广东、福建、江苏、山东、宁波、大连）有1267家，样本的选择符合中小企业的地区分布特征。问卷回收2100份，有效问卷1933份。

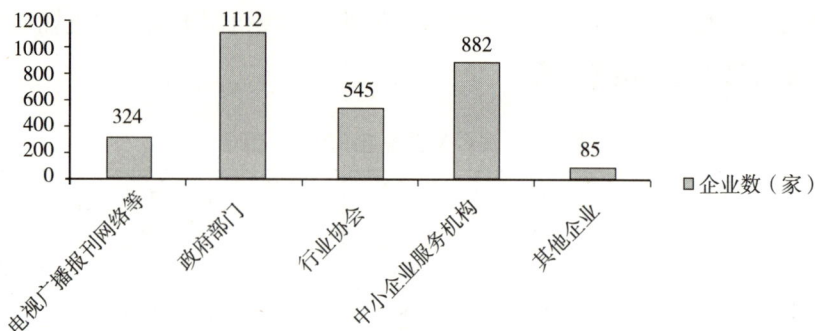

图7-13 企业了解公共服务平台信息的主要渠道

注：有一部分企业是从多渠道获得公共服务平台信息的，有重复统计。
资料来源：赛迪智库中小企业研究所。

此外，有476家企业没有接受过公共服务，最主要原因在于对于公共服务信息不了解（见图7—14），反映出服务组织对自身的宣传力度不够。其他原因还包括服务功能和水平不高，这说明在规模和数量不断扩大的同时，服务组织的服务功能、水平和层次仍有待提高，应更贴近中小企业需求。

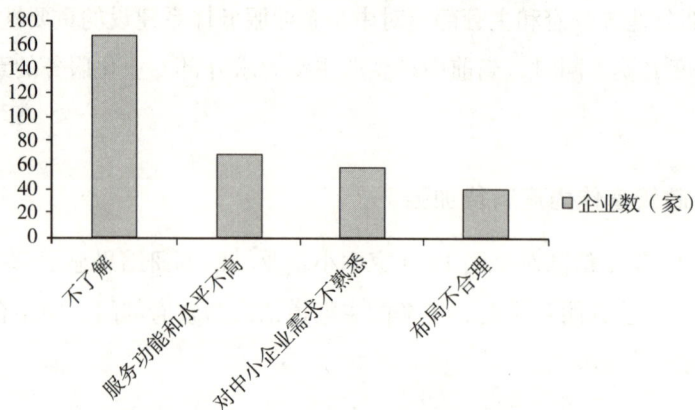

图7-14 中小企业未接受公共服务的原因

注：有一部分企业未获得公共服务平台信息的原因是多重的，有重复统计。
资料来源：赛迪智库中小企业研究所。

（二）政策审批设限较高

调研发现，部分中小企业服务组织未获得政策扶持，原因主要是：服务组织自身不符合享受优惠的范围、享受政策扶持的手续繁琐、申报成本较高以及不了解政策信息。这说明在提高服务组织自身水平的同时，适当降低优惠政策的享受门槛、简化审批环节仍有较大空间。通过有条件地降低申报成本、扩大政策受惠面，可以增强政策的扶持效果。

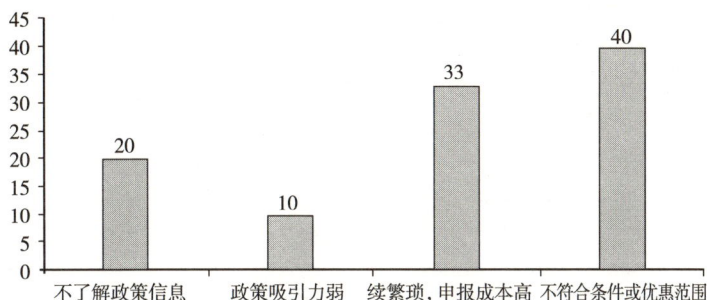

图7-15 服务组织未获得政策扶持的主要原因（单位：家）

注：有的企业未获得政策是由多种原因造成的，有重复计算。
资料来源：赛迪智库中小企业研究所。

（三）政策针对性和有效性不足

在调研的1039家中小企业服务组织中，有235个当地政府（省、市、县）出台鼓励中小企业服务组织发展的有关政策，包括财政资金支持、公共服务平台、融资担保、税费减免四方面。而中小企业服务组织的经营困难主要在于财政投入不足、缺乏规划引导、市场化体制未理顺和人才不足，这说明在政策落实中要注重强化规划引导、人才培养和理顺市场机制等方面内容。

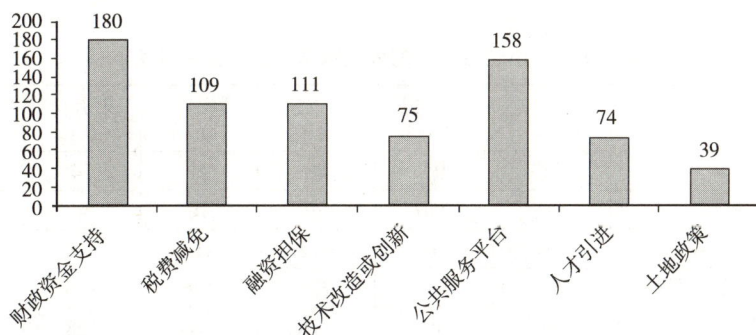

图7-16 本地制定中小企业服务组织的政策内容（单位：家）

注：有的地方政府制定了多项政策，通过累计计算得到。
资料来源：赛迪智库中小企业研究所。

表7-4 中小企业服务组织面临的主要经营困难

主要经营困难	第一位（0.5）	第二位（0.3）	第三位（0.2）	加权汇总
财政支持投入不足	634	21	10	325.3
缺乏规划引导	118	220	96	144.2
人才不足	62	203	165	124.9
市场化机制未理顺	103	261	28	135.4
服务资源不足	11	47	115	42.6
服务水平不高	26	27	7	22.5
信息化水平低	24	16	23	21.4
对中小企业需求不熟悉，服务不到位	27	13	3	18

资料来源：赛迪智库中小企业研究所。

（四）供需双方未能实现有效对接

与中小企业的公共服务需求相比，尽管信息服务、投融资服务、人才与培训服务、管理咨询服务等都已得到较好满足（如前面表7—4所示），但是在技术创新与质量服务、市场开拓、法律以及创业服务等方面仍明显不足（见表7—5），未来国家政策应该引导鼓励服务组织在技术创新和质量服务、市场开拓服务、创业服务以及法律服务等目前较为薄弱的环节加强服务。同时，建立沟通平台与协作机制，实现服务提供者与需求者之间的有效对接。

此外，目前我国尚未建立针对中小企业公共服务组织的考核机制。在调研的1047家服务组织中，仅有243家建立了中小企业服务满意度的反馈评价机制。

表7-5 中小企业需求的公共服务（按重要性排序）

服务类别	第一位（0.5）	第二位（0.4）	第三位（0.3）	第四位（0.2）	第五位（0.1）	加权汇总
信息服务	1117	97	40	21	14	614.9
投融资服务	481	750	29	10	4	551.6
人才与培训服务	109	319	412	215	15	350.2
技术创新和质量服务	52	174	220	196	156	216.4
市场开拓服务	72	141	178	186	128	195.8
管理咨询服务	19	95	183	179	120	150.2
创业服务	25	106	245	13	4	131.4
法律服务	12	25	67	101	81	64.4

资料来源：赛迪智库中小企业研究所。

（五）服务组织发展存在地区差异

以安徽、山西、黑龙江为代表的中部省份[1]平均每个省份中小企业服务组织达 54 家，其中，混合类服务组织的发展规模较大。

以北京、大连、福建、广东、江苏、宁波、山东为代表的东部省市平均中小企业服务组织达 79 家，其中，混合类和营利类的服务组织发展规模相当。

以青海、陕西、四川、重庆为代表的西部省份平均中小企业服务组织规模达 105 家，其中营利类服务组织的发展规模较大。

从对中东西部省份的调研发现，公益类服务组织发展均明显不足。中小企业发展处于迅速成长阶段的西部地区，以营利类为主的中小企业服务组织基本处于自发阶段，缺乏政府引导和整体规划；以混合类服务组织为主的中部地区，在强化政府引导的同时，市场机制尚未完全理顺。

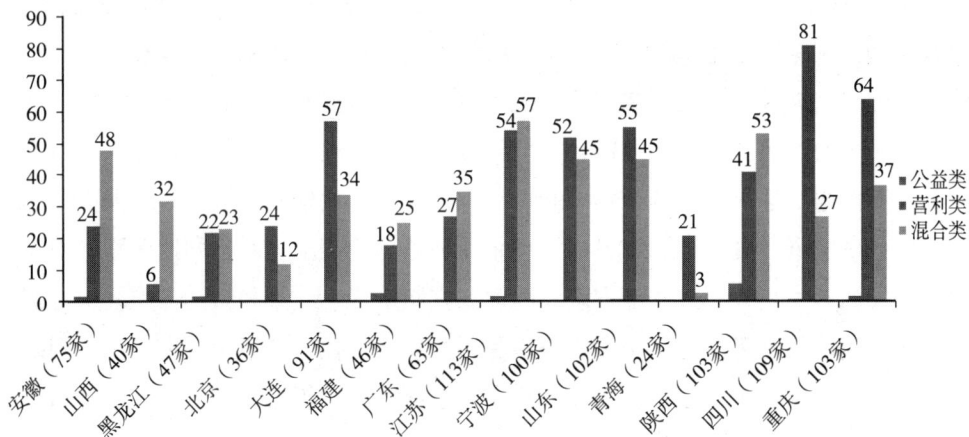

图7-17 三类服务组织在中东西部代表省份的数量（单位：家）

资料来源：赛迪智库中小企业研究所。

三、对策建议

（一）规划引导，完善政策法律环境

第一，完善服务组织发展的法律环境。借鉴美国、德国、日本以及我国台湾

---

[1] 东部省份：辽宁、河北、山东、江苏、浙江、福建、广东、北京、天津、上海、海南；中部省份：吉林、黑龙江、内蒙古、山西、河南、安徽、江西、湖南、湖北；西部省份：新疆、甘肃、陕西、宁夏、四川、重庆、贵州、云南、广西、西藏、青海。

地区等中小企业法律法规的先进经验，深入调查研究，通过制定专项法规来明确中小企业服务组织的法律地位、服务职能、应享有的优惠政策和承担的义务等，加强对其登记管理的规范和监督，引导其发挥市场的中介和枢纽作用，注重对政策实施效果的评估，进一步改善中小企业服务组织发展环境。

第二，营造鼓励支持服务组织发展的政策环境。一是加大现有扶持政策的落实力度。简化服务组织享受优惠政策的审批流程，降低审批成本，提高服务效率。二是构建完善的网络或实体平台，促进各类服务组织与有需求的中小企业进行高效对接，提升政府公共服务水平。三是放宽服务组织设立的各种体制性障碍，在各地筛选培育一批有特色、有影响、重点突出的中小企业服务组织，形成区域内核心服务组织，带动周边相关的服务组织不断提高服务手段和水平，实现区域服务资源整合。

第三，在政策制定上注重对三类服务组织实施分类指导。一方面，根据公益类、混合类和营利类服务组织的产生构成、组织形式、在服务体系中定位和作用的不同，制定出台有针对性的财政支持、人才培育、服务提升等方面的政策举措。例如，对于公益类服务组织加强财政资金的有效引导，注重资金的使用效果；对于营利类服务组织进一步理顺市场体制，注重营造公平竞争的环境。另一方面，结合区域经济发展程度的不同和各地中小企业的差异化需求，对不同地区服务组织的发展实施分类指导。鼓励地方政府因地制宜制定优惠政策和激励措施，引导服务组织不断增强服务功能，拓宽服务范围，实现社会化、差异化、市场化、网络化发展。例如，在中小企业发展较为集中的东部地区，规范鼓励营利类服务组织发展壮大；而在经济发展较为落后的地区，扶持建立公益类服务组织。

（二）加强宣传，扩大服务组织的社会影响力

第一，强化对有关中小企业服务组织各项政策的宣贯力度。组织政策宣讲，充分发挥行业协会在宣传教育中的作用，利用网络、报纸、电视等各种媒体扩大政策宣传普及面，讲解中小企业服务组织发展的重要意义及其功能，增加各项扶持政策透明度，让服务组织充分了解各项相关政策，避免出现政策盲点。

第二，加强对中小企业服务组织的宣传力度，做到让中小企业"想得到、用得好、用得起"。通过组织论坛、研讨会等形式邀请有关领导、专家学者、中小企业代表、媒体精英为促进中小企业服务组织的发展建言献策，营造全社会关注

中小企业服务组织发展的良好氛围。同时，通过组织示范评优活动（比如国家中小企业公共服务示范平台认定工作），加强对优秀典型和先进做法的宣传，提升中小企业服务组织的社会认知度，增强示范和带动效应，形成有利于中小企业服务组织发展的社会环境。

（三）建立行业协会，助推服务组织科学发展

加快建立中小企业服务组织协会，发挥协会了解政府、熟悉行业、接近企业的优势，鼓励协会在标准制定、行业自律、信息发布、促进产学研合作、参与政府政策制定、展览展示、培训交流、解决行业发展中的突出难题等方面发挥积极作用，充分调动会员单位参与的积极性，强化会员之间互助式的发展，提高中小企业服务从业者的职业修养和服务能力，推进诚信建设，培养自律精神。

（四）强化考核，构建服务组织评估体系

建立有效的监督和评估机制是发挥政府对中小企业服务组织指导和引导作用的基本前提。以独立的、第三方的科研机构为主体，建立针对三种类型服务组织的评估体系，客观评估服务组织的发展现状，找出存在的问题，不仅有助于不断改进服务水平，还有助于为财政资金和风险投资的投入与调整提供可参考的标准。评估指标体系大体包括政府、服务组织、中小企业和区域四个层面。在政府层面，主要衡量服务组织发展的政策环境，包括政府重视程度、政策出台及实施力度、示范平台建设与财政资金支持力度等方面。在服务组织层面，重点衡量三类服务组织的数量规模、服务中小企业数量、服务范围、内容、水平和绩效，服务组织的人员素质、经费使用等方面。在中小企业层面，侧重于衡量促进中小企业的竞争力提升和产业集群发展情况，包括中小企业的数量和规模的增长情况、利润率的平均水平、税收贡献占当地比重、中小企业所处产业的结构是否合理、中小企业园区接受服务等情况。在区域层面，衡量区域经济发展水平、中小企业产业集群发展情况、中小企业对地方经济的贡献等方面。

（五）引进培育，加强服务人才队伍建设

中小企业服务专业人才队伍素质的提升是提升中小企业服务组织水平的基础。一是加快建立中小企业服务组织专业从业人员引进和培育机制。建立与高

校、科研院所和社会培训机构的联合培养机制，采用培训班、交流学习、"传帮带"等多种方式加强对专业服务人才的培训，引进和培养集企业管理和金融、技术、法律等专业技能于一身的复合型人才，提高服务人员的专业化服务水平。

二是吸收社会力量，拓宽服务人员的来源渠道。按照专业化、社会化发展方向，由财政资助建立稳定的由离退休专家和大学生义工组成的志愿服务队伍。

三是规范服务组织的人事制度，建立服务组织自身的人力资源管理体系和相关的制度规范，并将之纳入社会整体的人事、福利、社会保障体系，从根本上营造服务组织吸引和留住优秀人才的良好环境。

（六）推广项目制，优化服务资源配置

推广项目制是促进中小企业服务资源有效配置和政策落实的重要手段。国外经验表明，提高中小企业服务政策的可操作性的一个重要手段是将相关政策具体化为项目。一是服务政策落实为具体的中小企业项目，有明确的责任人，权责清晰；二是根据预先设定的项目"里程碑"事件，推动政策分阶段、有步骤地实施；三是上级管理部门根据总体和阶段性目标对项目进行考核，保证服务政策的充分落实。例如，中小企业公共服务平台网络建设工程，有效推动全国范围内公共服务平台网络的搭建。

（七）夯实基础，深化服务体系理论政策研究

加强对中小企业服务组织建设相关问题的理论和政策研究。针对服务组织的主体性质、功能定位、服务手段、盈利模式等相关问题进行深入调研，完善相关理论体系，为制定专项政策提供参考，加强政策措施的针对性、有效性和前瞻性。

第八章　中小企业创业发展情况

一、发展现状

（一）总量迅速扩大，经济规模日益增长，贡献突显

经过多年的发展，我国中小企业创业规模不断增加，经济总量迅速扩大。全国各地中小企业数量增长率均在 10% 以上，新增就业人数增长达到两位数。中小企业在国民经济中的贡献日益增加，工业中小企业增加值占当地 GDP 的比重均在 40% 以上。在中小企业中，私营企业增长明显，吸纳就业能力较强。

从企业数量上看，截至 2012 年底，江苏省工商私营企业累计注册户数达到 131.3 万户，比 2008 年增加 51 万户，增长 64%。2012 年，山西省新创办小企业 3 万户，中小企业总户数达到 11.27 万户，占全省企业总户数的 99.6%。2012 年底，陕西省企业法人单位超过 19.5 万个，个体经营户 124.3 万户，全年新增小企业 3.3 万户，比 2008 年增长了 31.8 万户，创业人数达到 763 万人。从吸纳就业来看，山西省中小企业每年新增从业人员平均增幅达到 11%。中小企业新增就业岗位占到全省新增就业岗位的 75%。从经济规模和效益来看，江苏省私营企业注册资本总额达 4.2 万亿元，户均资本达 320 万元，比 2008 年增长 123 万元，增长 62.7%。山西省中小企业增加值年均增幅达到 11.4%，其中 2012 年增加值总量达到 5243 亿元，增长 18.14%，占到全省 GDP 的 43.2%。2012 年，陕西省中小企业增加值占全省 GDP 比重由 2008 年的 39.5% 提高到 49.3%，比 2008 年提高 9.8 个百分点；全省非公经济增加值占全省 GDP 比重由 2008 年的 47.1% 上升到 51.8%，比 2008 年提高 4.7 个百分点。

（二）创业投资增长势头强劲，创业多元化趋势明显

随着我国中小企业创业环境的不断改善，中小企业创业投资增长迅速，表现为注册资金连年增长，增长率均在20%以上。如江西省自2009年起，中小企业创业投资先后突破2000亿元、3000亿元大关，到2012年达到6000亿元，2012年新开业私营企业注册资本首次突破千亿元，达1036.82亿元。江苏省2012年完成民间投资2.1万亿元，同比增长22.6%，民间投资占全部投资的比重为67.1%，较上年提高1.7个百分点。

创业活跃程度明显提高，创业呈多元化格局。2012年，江苏省每万人投资人数为345人，比2008年的214人增加131人，投资者包括科研人员、企业经营管理人员、下岗工人、农民、公务员、转业军人等各种身份的人员，投资领域由传统产业拓展到新兴工业产业、现代服务业和社会文化领域，呈现多元化格局。

（三）创业服务体系日益完善

近年来，为促进我国中小企业健康发展，国家出台了多项政策法规，旨在改善中小企业发展环境。其中，多项措施涉及完善中小企业创业体系，强化公共服务体系作用。各地中小企业创业辅导体系日益完善，创业培训效果明显，创业者队伍不断扩大，创业能力明显提高。各地均建立了培训、扶持、服务三位一体的创业辅导机制，积极开展创业培训，帮助创业者掌握创业政策、创业知识、创业技能，提高创业成功率。着力帮助特殊人群创业，实施农民工创业工程、大学生创业工程、青年创业工程、妇女创业工程等。为创业者和中小企业提供政策咨询、项目开发、创业培训、创业孵化、小额货款、开业指导、跟踪辅导、管理诊断、市场开拓等系列服务。

（四）创业服务机构得到大力发展

按照"政府支持中介，中介服务企业"的原则，国家加大对社会化服务机构的扶持力度，引导和鼓励服务机构为中小企业提供"找得着、用得起、有保证"的服务。多年来，我国中小企业创业服务机构得到了长足的发展。各地着重成立中小企业创业服务机构，认定创业服务示范机构，整合创业培训、创业政策法律咨询、创业辅导服务、创业实训基地等机构，联合为中小企业提供创业服务。

据统计，各地中小企业创业服务机构数量均实现了年均10%以上的增长，

服务中小企业规模稳步提升。2012 年，新疆维吾尔自治区中小企业创业服务机构累计 70 家，较 2010 年增长 1 倍多，服务机构从业人数约 5000 人。安徽省 16 个市全部建立了中小企业服务中心，97 个县（市、区）建立了中小企业服务中心，其它各类社会服务机构 1800 多家，形成了省、市、县三级中小企业服务中心全覆盖，市场化服务机构参与的服务体系。河北省创业辅导机构数量由 2008 年末的 169 个增加到 2012 年末的 392 个，增长幅度达 132%；创业辅导师和创业辅导员人数由 2008 年末的 300 名增加到 2012 年末的 500 多名，增长幅度为 66.7%。

（五）创业基地建设进展显著，成为重要创业载体

近年来，国家大力支持小企业创业基地发展，在中小企业发展专项资金中，重点支持小企业创业基地建设，鼓励利用旧有厂房改造建设基地。创业基地在标准厂房、共享设施、服务功能等方面逐步完善，策划咨询、政务代理、融资支持、人员培训、技术应用、场地租用等公共服务配套不断健全，有效缓解了创办小微企业场地缺、成本高、能力弱的难题。小企业创业基地逐渐成为解决中小企业创业用地难问题的重要抓手，成为各地促进中小企业创业发展的有力载体。从数量上看，山东省市级以上小企业创业辅导基地已经发展到 299 家，入驻企业 2.83 万家，安排就业 67.7 万人。新疆维吾尔自治区小企业创业基地每年增加 3—7 户，2012 年新疆小企业创业基地共计 23 个，累计入园企业近 2000 户。2012 年底，河北省创业辅导基地数量达到 380 个，入驻企业总数达到 18000 余家，就业人员总数达到 49 万人。从集聚企业效果看，企业向工业园区、开发区、集聚区、创业基地等相对集中的区域发展，形成企业集中、产业集聚、土地集约、服务集成的良好发展态势。如江苏省 480 个中小企业集聚区，入驻企业 10.5 万个，逐步改变了中小企业布局分散，无序发展的局面。从服务功能看，小企业创业基地成为中小企业接受创业服务的重要载体，带动了创业辅导服务的开展，各类中介服务机构为入驻企业提供政务代理、创业培训、管理诊断、信息服务、技术支持、法律维权等创业辅导服务。到 2010 年末，辽宁省省级中小企业创业辅导基地达到 50 个，年创业培训达到 30 万人以上。

（六）创业投资引导基金激发创业活力

为激发企业创业活力，各地纷纷设立中小企业创业引导基金，发挥财政基金

杠杆效应，为中小企业创立和处于早、中期中小企业提供必要资金，帮助企业顺利渡过难关，实现健康发展。以北京为例，2008年7月，北京市设立了第一支政府引导基金——北京市中小企业创业投资引导基金。截至2012年末，北京市中小企业创业投资引导基金规模达到9.2亿元，创业引导基金以参股方式与投资机构累计合作设立5批22家创投企业，协议出资金额达到35亿元，对63家中小企业进行了股权投资，财政资金撬动近4倍社会资金投资于中小企业，财政资金杠杆放大作用明显。中关村创业投资引导资金设立了22支子基金，合作规模超过100亿元，子基金累计投资109家企业。

（七）创业环境不断改善

良好的外部环境是创业发展的必要条件。为营造宽松创业发展环境，我国出台了多项改善创业发展环境的政策。国家多个部委，如工业和信息化部、科技部、人力资源和社会保障部、国家发改委等，均在各自的管辖范围内制定促进创业的政策，在改善中小企业法制、政务、政策、服务、市场和舆论等方面提出具体政策措施。政策内容涉及不同社会群体，比如高校学生、科技人员、留学人员等的创业鼓励政策，主要依靠信贷支持、创业投资扶持、创业服务中心建设等手段，为相关创业人群和组织（重点是科技型中小企业）提供创业指导和优惠政策。出台的政策主要包括：《中小企业促进法》、《国务院关于鼓励支持和引导个体私营等非公有制经济发展的若干意见》、《国务院关于做好促进就业工作的通知》、《国务院关于进一步促进中小企业发展的若干意见》、国务院办公厅《关于促进以创业带动就业工作的指导意见》、国务院《促进就业规划（2011—2015年）》等。相关财税政策有：《财政部 国家税务总局关于支持和促进就业有关税收政策的通知》、《关于支持和促进就业有关税收政策具体实施问题的公告》、《财政部 国家税务总局关于科技企业孵化器有关税收政策问题的通知》等。

同时，各地根据本地区发展实际，出台了具有地方特色的鼓励中小企业创业发展政策。通过放宽市场准入限制、拓宽融资渠道、优化创业环境、完善税费优惠政策等举措，建立起推进全民创业的政策支撑体系。对各类创业主体实施资金补贴政策，对优秀自主创业高校毕业生实行奖励性补贴，对吸纳就业显著、经营前景良好的创业企业提供资金扶持，对符合条件的创业经营实体带动就业的，给予社保补贴、创业资金补贴及带动就业补贴等。

二、存在问题

近年来，虽然我国中小企业创业发展获得了长足进步，但也存在一些困难和问题，主要表现在以下方面：

（一）中小企业创业发展面临压力

虽然我国中小企业创业热情居高不下，但创业活动总体上仍处于较低水平。目前我国每千人企业 10 家左右，与发达国家每千人 40—55 家水平相差较大，反映了我国创业型中小企业具有广阔的发展空间，亟需大力引导和扶持。

1. 研发投入力度明显不足，低端创业比重大

根据国际经合组织的研究，具有自主创新能力的中小企业研发投入占销售收入比重应达到 5% 以上，而我国中小企业研发投入比重远低于这一标准。创业能力不强，创业层次不高现象突出。自主创业者多为下岗失业人员及城镇新增劳动力，文化程度偏低，捕捉机遇、把握市场能力不强，专业知识、职业技能、人际交往和沟通能力等创业基本素质不完备，创业成功率不高。高校毕业生、在职和退休技术人员等高层次群体的创业热情不高。

2. 企业盈利空间压缩

尽管近年来国家陆续出台了一些税费减免政策，但在具体执行过程中仍有诸多税费摊派，中小企业仍然普遍反映税费负担较重，加剧企业费用压力。同时由于煤、电、油、运、资金、劳动力等要素成本和原材料价格上涨，造成企业生产成本居高不下，利润空间越来越小。

3. 高素质人才缺乏制约中小企业创业发展

中小企业创业初期亟需高素质领军人才，缺乏管理、经营、销售、科研等专业人才，但由于企业规模小，资金实力薄弱，人才流失率高，制约中小企业创业发展。这与企业创业初期发展前景不明，同时企业难以支付高额薪酬，无法承诺远期高额收益有直接关系。同时，中小企业在用人、分配、激励制度等方面存在管理不清晰、企业文化建设缺失等问题，很难挽留人才。

4. 企业创业观念保守，管理模式滞后

从我国中小企业创业情况来看，多数创业者属于迫于生计、被动创业，"小

富即安"思想比较普遍，缺乏创新意识和开拓精神。同时，在技术和产品方面缺乏创新意识。在经营上习惯于利用自己或家庭资源，对社会资金利用不足，制约企业发展空间。此外，大多数中小企业属于家族式的夫妻店、父子坊等形式，企业管理制度远未建立，影响企业发展潜力。

（二）企业创业外部环境仍不完善

1. 市场准入仍存在多重壁垒

近年来，虽然国家密集出台了多项支持中小企业的政策措施，如非公36条和民间投资36条，对中小企业可进入的行业和领域给予进一步明确。从法律上看，多数行业均允许企业进入发展。但从中小企业创业的实际来看，许多垄断行业的进入壁垒仍然存在，"玻璃门"、"弹簧门"和"旋转门"现象普遍，迫切需要解决政策"入地"的问题。

2. 整个社会对创业的认识不够

目前，中小企业创业仍处于完全自发状态，受社会压力影响而被迫创业的比重颇高，而依靠高新技术和商业机会从事创业的比例不高，政府及各职能部门对创业工作的扶持力度仍然不足。从社会整体来看，我国民众仍缺乏创业精神，社会保障体系不完善，导致民众无法全身心地投入到创业当中去，追求稳定的工作，没有自主创业意识。

3. 创业政策扶持力度有待加强

中小企业创业在资金融通、土地占用、市场准入、税费征收等方面需求较大，但仍缺乏有力的扶持政策，中小企业用工难、融资难、开办难、用地难等问题仍未得到有效解决。一是缺少普惠性的创业扶持政策，如对所有符合产业政策的初创企业税收减免、财政支持政策。二是现有政策落实不够，如政府采购中小企业产品份额、对小微企业出口信用保险补贴75%、对小微企业贷款不良率容忍度放宽至5%等政策规定，都因没有出台相关具体办法、程序或配套措施而落实不够。三是政策性负担重。综合考虑税收、政府性基金、政策性收费和社保金等费用支出，中小企业税费负担高达40%。

4. 创业融资渠道不畅

中小企业融资难是制约中小企业发展的一大难题，在创业环节表现尤为突出。

尽管国家出台了支持中小企业的一系列金融政策，但出于风险控制考虑，银行信贷资金仍然主要投向了大企业和国家投资的大项目上，中小企业实际贷款额度严重不足。创业企业大多规模较小，缺乏信誉记录，无固定资产作抵押，融资存在很大的困难，难以获得金融机构的支持，创业的资金主要来源于自筹。同时，部分中小企业担保公司资本金小，担保能力弱，担保费用高，加大中小企业获得贷款的成本和难度。

（三）创业公共服务能力亟待提升

1. 创业服务体系还不够完善

当前创业者在经营理念、企业管理等方面不适应的问题比较突出，企业抗风险能力和市场竞争力比较脆弱，亟需融资、培训、法律、技术、信息等服务。但从全国来看，还没有建立系统完善的创业服务体系，工作网络有待完善。创业服务机构偏少，创业辅导师资力量不足。创业服务机构自身也面临发展问题，缺乏高素质服务人员，服务能力不强，总体上呈现"小、散、弱"的格局，服务能力和质量难以满足小微企业发展的需要。

2. 创业基地建设水平不高

由于各地土地计划指标少，中小企业创业园、标准厂房的建设往往因为没有土地指标而搁置。受投资资金紧缺等因素影响，创业基地建设规模普遍偏小，不能满足越来越多的创业需求。同时，部分自发形成的创业基地，缺乏统一规划，造成基础设施建设相对滞后，土地利用效率相对较低，缺少相应的配套设施等问题。

3. 中小企业服务机构分布不均，建设参差不齐

从服务机构的分布来看，地方中小企业创业服务机构存在分布不均的情形。以甘肃省为例，服务机构集中在较大的市州，不少县区还是空白。截至2012年底，甘肃省79家省级中小企业公共服务示范平台中，兰州市有31家，占全省的41%。

4. 中小企业利用社会化中介服务平台不够

相对于大企业，中小企业对社会中介服务平台的利用能力和利用程度尚待提高。以中关村产业园为例，加入产业联盟、行业协会的中小企业分别只占园区中小企业总量的1.1%和13.2%，而相应的大企业比重分别为8.5%和50.3%，远高

于中小企业；购买财务（税务）中介、认证中介、知识产权代理中介和信用中介等四项服务的大企业占园区占大企业总量的 75.2%，而中小企业该指标比重仅为29.5%，不足大企业比重的 2/5。中小企业社会化中介服务平台利用仍显不足，影响中小企业创业发展。

三、对策建议

（一）进一步营造创业发展的社会氛围

目前，虽然我国中小企业创业规模逐年增加，但与国外相比，我国中小企业创业活动还不十分活跃，很多有创业能力的人思想不够解放，认识还不到位，创业意识不足，全民创业的氛围不够浓厚，创业文化尚未真正形成。针对这些问题，要采取多种形式，营造创业发展社会的氛围，广泛宣传创业先进典型，树立创业光荣价值取向，营造良好的创业氛围。

（二）加大创业财税支持投入

建立全国性中小企业创业发展基金，重点支持智能制造装备、海洋工程、新材料、生物医药、节能环保、半导体和集成电路等战略性新兴产业领域的中小企业创业发展。探索设立小微企业援助资金，对新创办的拥有独立自主知识产权和发明专利、节能降耗、劳动密集型的小微企业创业项目给予一次性优先扶持，对按照正常条件无法获得贷款的小微企业提供长期的低息、无息贷款。扩大中小企业发展专项资金规模，增加创业扶持资金比例，加大扶持小企业创业基地建设资金支持规模。鼓励地方中小企业发展专项资金逐年扩大规模，增加对小微企业创业发展支持比重，重点支持小企业创业基地建设与小型微型企业的创业兴业项目。降低初创期企业税费，激发民众创业热情。对创业期中小企业实行免税或低税的税收扶持，降低企业税收负担，增强企业发展能力。

（三）改善创业市场环境

切实优化创业环境，放宽市场准入门槛和对新办企业注册资金和经营场所的限制，真正让创业者实现非禁即入、自主自由创业。简化登记注册审批，允许"零首付"设立公司，工商部门允许"一址多照"和"一照多址"。简化审核流程和办理手续，提高办事效率，加强行政审批规范化建设。同时要强化社会监督工作，加强创业投诉管理，加大对侵害创业者权益案件的查处力度，为全民创业提供良好的法制环境。

（四）改善创业融资环境

一是建立完善的创业资金扶持信用体系。鼓励商业银行设立专门负责小企业贷款工作的机构，加强对小微企业贷款和小额担保贷款业务专项指导和分账考核。简化贷款手续，增加贷款和授信额度，提高个人抵押贷款上限，扩大抵押贷款抵押物范围，为各类创业主体提供灵活的信贷支持和多元化的融资方式，切实帮助各类创业者解决融资难的问题。二是拓宽融资渠道。积极开展动产抵押、股权出资、股权出质、商标质押登记，设立创业投资基金，充分发挥投资担保公司、小额贷款公司的资金融通作用，盘活民间资本，帮助企业创业成长。三是完善中小企业担保体系建设，为信用担保公司提供风险补偿和再担保支持。推进中小企业信用评级工作，增强中小企业信用意识。四是鼓励风险投资事业发展，支持中小企业创业。大力发展风险投资事业，培育天使投资人，研究出台支持天使投资发展的政策，引导鼓励境内外个人开展天使投资业务，营造有利于天使投资发展的氛围。五是建立和完善政府主导的创业融资服务平台，加强金融服务创新，鼓励银行推出支持创业企业的金融服务创新产品。在创业融资服务平台中引入财务、法律等服务机构提供专业服务，扩大融资渠道，引导金融机构和担保机构等参与创业融资服务。

（五）强化创业公共服务体系

健全完善中小企业公共服务体系。一是以建设小企业创业辅导基地为载体，整合政府和社会资源，为不同发展阶段的企业提供创业指导、创业培训、创业孵化和综合性创业服务。依托产业集聚区或园区等，利用闲置、现有厂房改造建设小企业创业基地，建立相应的创业辅导机构，有针对性地开展创业辅导活动，提升基地孵化小企业能力，从根本上解决小企业创业起步难问题。二是以企业发展需求为导向，以共享机制建设为核心，提高企业自主创新能力和增强企业核心竞争力，优化资源配置，吸引各类服务机构参与建设为产业集群服务的具有基础性、公益性、开放性特点的公共服务平台，提供设计、研发、试验、检测、咨询、培训等共性技术服务，为中小企业创新创业提供技术支撑。三是多层次开展创业培训。让创业人群掌握创业程序，熟悉相关政策，掌握相关法律知识。针对不同创业群体，制定不同的培训方案，多层次地开展创业培训。不断深化创业培训专业人才的培养，加强创业辅导师队伍建设，提高创业者创业成功率。四是优化创业服务队伍，创新服务方式。成立创业指导中心，建立由企业家、创业成功人士、专家学者及政府工作人员共同组成的创业服务专兼职队伍。构建创业指导网络，为创业者提供信息服务，免费为创业者收集、发布项目信息等，鼓励社会各类创业服务机构开展多种形式的创业服务活动。建立向社会公开的全民创业项目库，并定期推介发布创业项目。鼓励和支持民间资本与企业创办和建立各类创业帮扶组织。六是加快中小企业产权交易中心、信息交流网络、经济技术咨询服务、人才培训机构及人才市场、法律咨询维护等服务平台的建设，建立有效的行业自律机制和监督机制，加强对中介服务机构的管理、监督和指导。七是推进创业服务机构建设。对服务初创小微企业的各类服务机构，采取先服务后补贴办法，给予服务费补贴。八是加强创业基地、公共服务平台建设。支持公共服务平台和创业基地走专业化、差异化路线，支持在技术性强的基地内建设服务平台，共享专业实验室。九是延伸创业服务范围。将创业服务目标设定为有创业意愿和创业能力的群体，将创业服务延伸至各类园区创业企业、创业者以及各类经营场所的创业人员，为创业企业和创业人员提供不同层次的创业服务。

（六）完善创业社会保障机制

在我国，中小企业创业活跃度不高，与我国社会保障体系不完善有直接关系。创业人员多出于生计压力被动选择创业，且创业层次不高。因此，必须完善社会保障体系，解除创业者的后顾之忧，用社会保障措施承担创业者经营风险。一方面，要改善创业者的社会保障条件，为高新技术和商业模式创新创业者提供低门槛的社会保障政策。同时，为创业中小企业提供金融保险和担保服务，便利企业获得贷款和风险补偿资金。另一方面，对初创企业给予一定的社会保险费用免除，促进创业企业积累资金，加大固定资产投入，提升企业技术水平，完善管理制度，增强企业核心竞争力。

（七）引导企业加强管理，提升人员素质

引导和帮助企业建立现代企业管理制度，针对初创期企业缺人才、缺资金、缺技术的实际，鼓励社会服务机构为企业提供定制化的管理提升服务，帮助企业结合实际建立初级的管理制度，并逐渐提高管理水平。完善企业基础管理、现场管理、财务管理和质量管理，推动企业管理规范和升级。加强企业家队伍的建设，组织职业经理人资格培训，帮助创业者开拓眼界，提升管理技能和水平，充分把握市场机会，高效开展经营活动，提高企业利润水平。引导企业重视形象宣传，加强教育引导，提高企业家的社会责任感。

（八）加大政府购买、补贴服务的力度

从国际经验来看，政府采购是扶持中小企业，特别是创业期小微企业发展的重要举措。通过合理制定政府采购目录，加大政府采购中的中小企业产品采购份额，为中小企业早期发展提供必需的资金，确保中小企业发展所需市场空间，引导企业加强技术革新，提升自身素质。通过强化政府采购服务，确定政府采购目录，发布技术产业化目录，配合重大工程和项目，帮助创业期中小企业快速成长。引导和培育政府采购相关服务市场，促进创业服务专业化、市场化、集成化，提高创业成功率。

政　策　篇

第九章 2013年我国中小企业发展政策环境分析

2013年我国中小企业面临着复杂多变的国内外形势，其中既有世界经济开始复苏、国内消费增长、中小企业扶持政策累积等诸多积极因素，又有外部需求疲弱、经营成本高企、转型升级困难等不利因素。

一、国际经济环境

2012年世界经济以年初世人普遍认为的低开高走伊始，到年底以抛物线式的下滑结束，经历了复杂而深刻的变化，同时也面临着前所未有的机遇和挑战。国际货币基金组织（简称"IMF"）在2011年10月曾预测2012年全球经济增长4%，世界GDP达到73.7万亿美元；然而，一年之后，IMF将2012年全球经济增速下调到3.3%，世界经济规模下调至71.28万亿美元。这一增速远低于2010年5.1%的增长率，也不及2011年的3.8%，是近10年仅次于2008年、2009年第三个最低增速。全球70亿人劳顿一年，而总体经济规模仅增加1.3万亿美元。总结几个明显特征：全球经济延续2011年下行趋势，发达国家经济开始复苏，但步伐依然沉重，增速低迷，新兴经济体增速普遍放缓；全球大宗商品价格呈戏剧性波动；国际贸易增速明显下滑，争端频发，贸易保护主义抬头；发达经济体进一步释放流动性，国际金融市场跌宕起伏。[1]

全球经济延续2011年以来的下行趋势，发达国家经济开始复苏，但步伐依然沉重，增速低迷。总体来看，2012年由于欧美经济金融困局拖累了全球经济

---

[1] 参见翁东辉、吴洪英：《世界经济在风雨中奋力前行》，《经济日报》2012年12月30日。

的复苏。欧债危机的解决有待时日。各种数据显示，据 IMF 最新预测，2012 年发达经济体整体 GDP 增长 1.3%，其中欧元区增幅为 -0.4%，陷入衰退已成定局；美国增幅为 2.2%，日本增幅为 2.2%，呈现止跌回升的势头；其他发达经济体增幅为 1.5%，不仅低于世界平均水平（3.3%），而且远低于发展中国家增长水平。由于经济普遍不景气和深层次的结构问题，发达国家经济体失业率居高不下已成不争事实。新兴经济体增速普遍放缓。近 10 年来，以中国为代表的新兴经济体国家在 2008 年以来的国际金融危机中担当起世界经济"新引擎"的角色，成为全球经济走出衰退阴霾的重要支撑力量。然而，2011 年和 2012 年，由于受欧债危机和美国经济不景气的影响，外需急剧下降，导致传统市场的出口受阻。此外还包括新兴国家内部需求动力减弱，国际资本外流、生产成本上升和政策刺激空间减少等因素，世界经济中这道最亮丽的风景线经济增速开始放缓。2012 年新兴经济体 GDP 增长率从 2010 年的平均 7.4% 下滑到 2011 年的 6.2%，2012 年则为 5.3%，两年间下降两个百分点。中国、印度、巴西、俄罗斯、南非增速预计分别为 7.8%、4.9%、1.5%、3.7% 和 2.6%。对于世界经济体 T2 之一的中国，2012 年也是进入 21 世纪以来经济增速最缓慢的一年。其他国家如巴西、俄罗斯和南非 GDP 增速创 2009 年以来新低，连印度 GDP 增速也是近 10 年最低水平。此外，新兴经济体国家因势利导正在进行的国内经济结构调整，也在一定程度上影响了经济持续增长的步伐。[1]

全球大宗商品价格呈戏剧性波动。2012 年全球经济增速放缓，流动性持续过剩，金融化程度加深和短期供需失衡的搅动，大宗商品价格上半年先涨后跌，下半年震荡上行，全年波动幅度较大。[2] 据一项能反映全球大宗商品价格总体变化晴雨表的美国商品研究局指数（CRB 指数）显示，1 月份为 312.31 点，2 月为 322.4 点，此后 3 月，4 月，5 月一路下跌，6 月已跌至 266 点，下跌 15%。然而，从 7 月份开始则开始上扬，第三季度包括 24 种原材料的标普 GSCI 指数较二季度末最低点上涨 20% 以上。第四季度，受美联储 QE3 以及欧洲央行宽松的货币政策刺激，大宗商品价格普遍走高。不过，商品价格走势出现明显分化，原油、天然气和煤炭在内的能源价格指数上半年起伏较大，但在 7 月 1 日欧盟禁运伊朗石

---

[1] 参见余斌、陈昌盛：《顺应新常态 寻求新平衡 培育新动力——中国经济年末形势分析与明年趋势展望（上）》，《上海证券报》，http://www.beinet.net.cn/fxyj/yjbg/201210/t4484760.htm. 访问日期：2013年9月29日。
[2] 参见余斌、陈昌盛：《顺应新常态 寻求新平衡 培育新动力——中国经济年末形势分析与明年趋势展望（上）》，《上海证券报》，http://www.beinet.net.cn/fxyj/yjbg/201210/t4484760.htm. 访问日期：2013年9月29日。

油生效后，原油价格一路走高。伦敦金属交易所铜价在8000美元/吨上下波动，纽约交易所原油价格在每桶80美元至110美元区间波动。粮食和金属等先降后涨，总体上全年呈上扬态势。

国际贸易增速明显下滑，争端频发，贸易保护主义抬头。2012年，欧盟作为世界最大出口方和进口方，因受主权债务危机拖累而导致全球经济衰退，全球增速明显放缓，贸易动力不足；美国作为全球最大贸易国，经济复苏乏力。另外贸易保护主义政策层出不穷，国际贸易摩擦频频，成为全球贸易拓展的重要掣肘因素，其中中国中小企业受到影响尤甚。根据IMF预测，2012年全球贸易增速仅为3.2%，远低于1980年以来5.7%的年均增速，其中发达国家进出口额增速分别从2011年的4.9%、5.7%降至1.7%、2.4%，新兴市场和发展中国家进出口额分别从9.8%、6.6%降至7.4%、4.0%；特别是东亚地区出口下降十分显著；世界贸易总额达到22.42万亿美元，较上年只增加1900亿美元。[1]

发达经济体进一步释放流动性，国际金融市场跌宕起伏。2012年，全球金融市场延续2001年的震荡态势。随着全球经济增速放缓，欧债危机发酵，投资者观望情绪的上升，美元、澳元成为主要避险货币，日元、人民币对美元汇率重拾升值态势。[2]同时，伴随全球通胀压力有所减轻，各国央行启动新一轮宽松政策，全球流动性相对充足。新兴市场因经济增速减缓，加上欧债危机加剧和国际银行业资本需求增加，上半年呈现资本外逃局面，下半年又重现资本回流现象。众所周知，货币的大量流动性可以在一定程度上缓解债务危机，增强市场信心，但同时也可能会导致国际资本的大规模流动、汇市和股市的震荡以及能源和大宗商品的上涨，对世界经济的健康发展带来不利影响。更为重要的是，历经三年多的欧洲主权债务危机仍未能解决，一直牵动着全球金融市场的神经。

此外，世界多个国家在同一年举行换届大举，也在一定程度上影响了经济政策的稳定性。2012年，美国、中国、俄罗斯、法国、日本、韩国、德国、委内瑞拉等多国举行大选或地方选举，政治格局的变化也导致了世界经济的复杂性和多变性。

---

[1] 参见翁东辉、吴洪英：《世界经济在风雨中奋力前行》，《经济日报》，http://news.ifeng.com/gundong/detail_2012_12/30/20673204_0.shtml.访问日期：2013年9月29日。

[2] 参见余斌、陈昌盛：《顺应新常态 寻求新平衡 培育新动力——中国经济年末形势分析与明年趋势展望（上）》，《上海证券报》，2012年12月30日，http://www.beinet.cn/fxyj/yjbg/201210/t4484760.htm.访问日期：2013年9月29日。

二、国内经济形势

总体上看，自 2012 年初以来，在经济全球化的大环境下，欧债危机恶化，全球经济增长明显放缓，发达经济体的经济形势陷入了衰退和低迷。国内主动调控房地产市场和化解投融资平台风险，经济增长面临较大下行压力。党中央、国务院坚持稳中求进的总基调，把稳增长放在更加重要的地位，经济运行逐步企稳，全年经济增长 7.8%。对于我国来说，我国的进口收缩来源于经济减速，对于大宗商品和全球经济的影响显示出了我国的重要地位。

（一）全球经济、贸易相互影响明显加深，影响国内经济

2012 年初以来，欧债危机出现反复，发达国家经济陷入整体低迷，甚至衰退。新兴经济体和发展中国家由于市场规模较小，一直对发达国家依赖程度较深，经济收缩步伐明显加快，印度、巴西、土耳其等国家的经济增长均大幅下降。与此同时，我国在对发达国家出口增长下降的同时，对新兴经济体和发展中国家也出现了更大幅度的下降。随着近年来我国经济规模大幅度的增长，对全球增长贡献的上升，我国经济减速、进口收缩对全球经济和大宗商品价格的影响明显扩大，世界经济中的"中国元素"日益凸显。[1]

（二）地方政府投资扩张能力下降

2012 年 5 月以来，党中央、国务院相继出台了一系列稳增长的政策措施。但与 2009 年国家出台的应对金融危机时地方投资快速扩张，为中国经济的快速复苏发挥了重要作用的政策相比，此次政策由于传导不畅，效应低于预期。由于房地产调控政策，地方政府的土地出让金大幅减少；由于经济放缓，地方政府的财政、税收收入增长大幅下滑；金融机构出于控制风险的考虑，大幅缩减了对投融资平台的贷款。而这三者，正是地方政府投资资金的主要来源。此外，风险约束明显增强，地方政府投资比以往更加理性。

---

[1] 参见国务院发展研究中心经济形势分析课题组：《2012年经济形势分析及2013年展望》，http://blog.sina.com.cn/s/blog_6acabb1e01014ga6.html.访问日期：2013年9月29日。

（三）货币政策效应减弱

2012年5月以来，我国货币政策开始明显放松。广义货币（M2）增速企稳回升，社会融资总量也大幅增加，实体经济新增中长期贷款、固定资产投资增速则回升缓慢。在潜在增长率开始下降和内部结构深刻调整时期，投资主体预期不稳、信心不足、风险厌恶等，投资扩张受到抑制，货币政策的有效性有所降低。[1]

（四）结构调整取得新进展

2012年，我国经济结构调整取得新进展。在制造业整体低迷、工业产能利用率不足的情况下，非制造业保持活力，服务业发展势头良好。[2] 在我国东部沿海增速放缓的同时，中、西部地区总体呈现较快增长态势。在经济增长放缓的同时，就业状况总体平稳，城乡居民收入保持较快增长。此外，产业梯度转移速度加快，新产品研制、销售周期缩短，产品质量提升，现代化劳动的趋势日益明显，资本有机构成和劳动生产率同步提高。

（五）原材料和人力成本优势不在，制造业企业外迁

由于原材料成本上升，劳动力成本水涨船高，有工作经验的技师成为人力市场的"宠儿"。加上对外资政策准入门槛提高，优惠政策取消，摩托罗拉、耐克、阿迪达斯等跨国公司相继从中国迁出工厂，导致了长三角、珠三角等一些代工厂的关门倒闭潮。中国制造业"世界工厂"的地位受到前所未有的严峻挑战。

（六）外贸增速艰巨，中小企业陷困境

2012年，由于国际经济形势严峻复杂，不确定的因素很多，特别是外需不振导致进出口下降。全年进出口总额在3.8万亿美元以上，增速在6%左右，保持10%左右的目标没有实现。江苏等外贸大省去年外贸竟出现负增长，部分外贸企业只好关门倒闭。

（七）产能过剩，钢铁、光伏、造船、风电等行业遭遇寒冬

2012年以来，由于内外部市场需求持续疲软，制造业此前快速增长中隐藏

---

[1] 参见国务院发展研究中心经济形势分析课题组：《2012年经济形势分析及2013年展望》，http://blog.sina.com.cn/s/blog_6acabb1e01014ga6.html.访问日期：2013年9月29日。
[2] 同上。

的一些问题得以暴露。钢铁、光伏、造船、风电等行业因产能过剩遭遇寒冬，钢铁、造船企业巨亏，小企业遭遇关门倒闭，银行催贷，部分光伏企业被政府援救，如江西赛维、无锡尚德。

三、融资难环境分析

探讨我国中小企业的融资环境有利于中小企业的发展，完善国家对中小企业的扶持政策。中小企业的融资环境可以从广义和狭义两个层面来考虑。从广义的角度，融资环境是指所有能够制约和影响中小企业的运行过程和融资选择的因素，包括内部环境因素与外部环境因素。从狭义的角度，融资环境是指制约和影响中小企业融资的各种外部环境因素。本书将从广义的角度系统探讨影响中小企业融资外部环境因素。[1]

（一）政策支持方面

20世纪90年代，随着我国对非公市场经济准入的放宽，中小企业快速的发展，并由此带来对融资需求急剧的增加。与金融市场间存在严重的信息不对称，以大银行为主导的机构对中小企业的业务积极性不高，同时中小企业自身素质不高，也增加了融资的难度。对此国家有关部门和地方政府高度重视，积极采取有效措施，努力增加对中小企业的金融政策支持。在间接融资方面，中国人民银行、银监会等机构不断完善信贷政策，"两个不低于"的定量指标，差别化准备金率，小企业贷款差异化的监管等等手段，引导银行业金融机构加大对中小企业的信贷投放。〔国发14号〕文件则进一步从政策层面上为小微企业融资拓宽了道路。

（二）法律法规方面

当前有关我国中小企业融资方面的法律法规需要进一步完善和修订，以适应新形势的需要。如中小企业民间借贷问题是一个热门话题，由于缺少法律规范或依据存在着很多问题，而不能健康、有序的发展。另外法律的执行力度较差，一

---

[1]　参见吴卫星：《中小企业融资环境问题研究》，江西师范大学硕士论文，2012年6月1日。

些地方政府有着严重的保护主义，纵容该地区企业逃废银行债务，银行的利益得不到有效保护，自然会产生惧贷心理，长此以往就会影响到中小企业借贷正常业务。而纵观发达国家在规范中小企业各类小额信贷活动、支持融资等方面实行的是立法先行，有效地保证了金融活动的安全性和有效性。例如美国政府为支持中小企业发展，制定了《中小企业投资法》、《中小企业经济政策法》、《中小企业法》、《中小企业投资奖励法》[1]、《中小企业技术革新促进法》等一系列法律法规。德、意、日、英等国也都利用法律的形式支持、援助中小企业融资。值得我们借鉴。

（三）金融机构方面

首先，我国商业银行的信贷政策针对不同性质的企业一直实行区别对待，国有大企业获得贷款往往比较容易，而广大中小企业由于自身实力等诸多因素限制，商业银行出于规避高风险的顾虑，对中小企业的融资金融服务自然是相当严格和谨慎，中小企业不可能获得和国有大企业相同的贷款待遇，难度大了很多。再次，商业银行的贷款程序复杂、手续繁琐、要求严格。而中小企业由于自身业务的需要，申请贷款的时间紧、随机性强、频率较高，更需要快捷、简单的金融服务来满足其快速周转运营。然而，金融机构则出于资金安全性的考虑，每笔借贷资金都有复杂的审批流程，需要较长的时间，难以满足中小企业"急、少、频"的融资要求。最后，专门为中小企业提供融资服务的中小型金融机构业务趋同现象严重、服务内容单一、信息化程度低。中小金融机构规模较小，贷款资金少，加上信息化系统远不如国有大银行的强大、发达，业务量大的中小企业为了保证应收账款快速到账，加快资金周转，通常不愿意到信用社或小银行办理业务，而是选择大型商业银行。

（四）抵押、担保体系不完善

我国的信用担保体系还处于起步阶段，担保机构的担保能力仍然与巨大的需求市场数额有相当大的差距，难以满足中小企业的资金需求。首先，政府对现有的担保机构监管力度较弱，地方政府一次性注入担保机构的运营资金之后，风险补偿资金和后续资金就不再投入，导致了中小企业的信用担保体系无法进行风险分散和控制。其次，我国缺乏专业的资信评级机构，同时与担保、抵押相关的法

---

[1]　参见吴卫星：《中小企业融资环境问题研究》，江西师范大学硕士论文，2012年6月1日。

律法规不健全，这些因素都制约了中小企业的融资。最后，担保、抵押的手段过于狭窄、单一，目前仅限于房产和地产等不动产，动产的质押和抵押尚不在范围内，另外信用担保并没有充分地发挥其作用。[1]

（五）社会服务体系不完善

一方面，我国的中小企业普遍存在对贷款资金、金融服务的巨大需求。另一方面，国有银行目前追求"大客户、大城市"，而缺少专门为中小企业服务的部门和机构。虽然近年来，国家一直鼓励银行扶持中小企业，但是严格的授信、授权制度仍然制约了包括三线城市以下地方基层金融机构的信贷行为。[2]另外，专门针对中小企业的公共服务中心尚未建立，缺乏相关的社会辅助体系。

四、中小企业用工难环境分析

2012 年，国际上由于欧债危机导致了影响了发展中国家的出口贸易，国内经济增张趋势也逐渐放缓，在此背景下，广大中小企业普遍存在用工成本上升，人员短缺矛盾更加集中，呈现出如下特点：

（一）当前近六成受访企业存在用工短缺问题

据赛迪中小所调查显示，有 39.7% 的受访企业表示存在短期性、临时性用工短缺，有 18.5% 表示存在长期短缺，两者合计为 58.2%；有 41.8% 的受访企业表示用工不存在短缺。这表明，近六成受访企业存在用工短缺，且短期性、临时性用工短缺相对严重。[3]

（二）企业当前最缺普通工人、技术工人和高级人才

在本次调查的 189 家受访企业中，有 53.4% 表示最缺普通工人，即做流水线、技术含量不高、稍加培训即可上岗、执行简单操作的员工；有 41.8% 表示最缺技术工人，即有某一领域专长或职业技能、经验丰富、操作熟练的员工；另有 2.1% 表示最缺管理人员及其他岗位人员等高级人才。

---

[1] 参见吴卫星：《中小企业融资环境问题研究》，江西师范大学硕士论文，2012年6月1日。
[2] 同上。
[3] 参见李琛：《上海中小微企业用工短缺的原因与对策》，《统计科学与实践》2012年11月25日。

（三）劳动密集型企业用工短缺矛盾比较集中

从企业性质看，有 59.4% 的民营或私营企业表示存在用工短缺；国有或集体企业这一比例为 42.9%，外资企业则为 45.3%。不少劳动密集型企业员工反映，由于该类企业劳动制度严格，加班加点是家常便饭，而企业又不能通过正常的加班工资进行补偿，导致他们已不太愿意进入这类企业工作。分行业看，以纺织业和纺织服装、服饰等劳动密集型行业企业用工短缺问题更为严峻。90% 的纺织企业表示存在缺工，82.8% 的纺织服装企业表示存在缺工，化学纤维制造、电气机械和器材制造、专用设备制造、通用设备制造等行业均有六成以上受访企业表示存在缺工现象。

（四）多数企业用工成本上升与提薪难招人并存

当前，全国绝大多数中小企业，尤其小微企业主要是依靠廉价劳动力的低成本经营模式，产品科技含量不高，附加值较低，市场抗风险能力也较弱，一旦市场出现产品涨价，订单随即就可能流失。这些利润空间非常狭窄的中小微企业难以应对用工成本的大幅增加的局面，直接面临盈利空间进一步压缩甚至是企业亏损的境地。因此，多数企业表示采取提高薪资吸引劳动力的做法，也很难招到人，此路行不通。[1] 据统计，2011—2012 年全国共有 24 个省份年内调整了最低工资标准，平均增幅达 22%。

---

[1]　参见李琛：《上海中小微企业用工短缺的原因与对策》，《统计科学与实践》2012年11月25日。

第十章 2013年我国中小企业发展重点政策解析

党中央、国务院历来高度重视中小企业的发展问题，特别是针对当前中小企业普遍存在的新情况、新问题，2012 年国务院出台了《关于进一步支持小型微型企业健康发展的意见》（国发〔2012〕14 号，以下简称国发 14 号文件），从八个方面提出了 29 条政策措施，力度之大，是前所未有的。为了落实国发 14 号文件，我国在 2012 年还出台了多项扶持中小企业发展的政策，主要体现在鼓励民资，创新创业，专项资金，产业政策等领域，这些政策有效推动了我国中小企业的蓬勃发展，受到了广大中小企业的欢迎。以下将选取最受中小企业关注的几个重点政策进行分析。

一、《关于进一步支持小型微型企业健康发展的意见》出台

（一）出台背景

中小企业特别是小型微型企业在拉动就业、科技创新、促进经济增长、社会安全稳定等方面具有重要的作用，对国民经济和社会发展亦具有特殊的战略意义。党中央、国务院一直高度重视中小企业发展，近年来特别是 2009 年国际金融危机以来，国内中小企业进出口受到影响之大，前所未有。国家出台了《国务院关于进一步促进中小企业发展的若干意见》（国发〔2009〕36 号，以下简称国发 36 号文件）等一系列政策措施，相关部门制定了 36 个配套文件，各地出台的配套措施和实施办法达 200 多件，在政策的感召下，广大中小企业活力十足，率先实现企稳回升。这些措施在帮助我国应对国际金融危机冲击、保持国内经济健康发

展方面发挥了不可估量的作用。2010年下半年以来，由于受国内外复杂多变的经济形势影响（主要是国际市场下滑、出口订单减少的问题，也有原材料、劳动力成本上涨以及汇率、利率提高、融资更加困难的问题），广大中小企业又面临市场压力大、用工成本上升、融资困难等困境，小型微型企业甚为突出。同时，之前的国发36号文件的部分政策也已到期。面对新形势、新情况，为帮助中小企业特别是小型微型企业应对难关，提振信心，发展经济，增强可持续发展能力，国务院台了国发14号文件。[1]

（二）考虑因素

当前中小企业，尤其小型微型企业发展面临的重大问题，党中央、国务院领导高度重视。李克强总理在安徽等地调研时，多次强调要改善中小企业发展环境；时任总理温家宝专门赴浙江等地调研，研究支持中小企业发展的政策；张德江委员长也在2011年11月、12月分别主持召开部分省市中小企业工作座谈会和领导小组会议，听取地方和部门意见建议，研究部署工作，要求有关部门研究制定政策措施。

作为中小企业的政府主管部门工业和信息化部责无旁贷，积极落实国务院领导批示，研究提出一揽子政策文件，先后三次汇同其他部委单位，组成十几个调研组，分赴二十多个省（区、市）调研，了解企业发展困难和问题，广泛听取中国中小企业协会、全国工商联、地方经信委（中小企业局）和中小企业典型代表的意见及建议，对照客观情况，梳理国发36号文件情况，研究进一步的扶持政策和措施。时任国务院总理温家宝在2011年10月12日的国务院常务会议中，研究确定支持小型微型企业发展的九条金融财税政策。2012年2月1日，再次召开国务院常务会议，研究制定一揽子支持政策。根据国务院会议精神，国发14号文件以小型微型企业为重点，进一步突出了政策的针对性，这也是国务院首次专门针对小型微型企业出台的文件。[2]

国发14号文件在缓解融资困难、推动创新发展、支持开拓市场、加大财税支持、提高管理水平、加强公共服务、促进集聚发展等方面，提出了29条政策措施。

---

[1] 参见《工业和信息化部支持小微企业发展答问》，http://www.nywb.com.cn/zhuce/ask/275.html，访问日期：2013年9月29日。
[2] 参见《工业和信息化部支持小微企业发展答问》，http://www.nywb.com.cn/zhuce/ask/275.html，访问日期：2013年9月29日。

可以说，国发 14 号文件与国发 36 号文件相互联系、重点突出、明确具体、各有侧重、指向性强，既帮助广大中小企业解决困难，又注重引领企业增强核心竞争力，还提出了支持中小企业长期平稳健康发展的长效机制。

（三）主要措施

1. 为缓解小型微型企业融资困难，国发 14 号文件提出了五方面的政策措施

（1）拓宽小微企业融资渠道。国发 14 号文件提出了推进多层次债券市场建设，加快场外市场建设，扩大集合票据、集合债券、集合信托和短期融资券发行规模，发展私募股权投资和创业投资，提供设备融资租赁服务，发展贷款保证保险和信用保险等措施。同时，支持小企业上市融资、发行债券，鼓励小型微型企业采取质押、商业保理、典当等多种方式融资。

（2）通过对符合条件的小金融机构继续执行较低存款准备金率、建立小企业信贷奖励考核制度、落实差异化监管政策、适当提高对小型微型企业不良贷款的容忍度、完善小企业贷款呆账核销规定、支持商业银行发行专项用于小型微型企业贷款的金融债等，鼓励金融机构扩大对小型微型企业的信贷服务。

（3）推动小金融机构的发展。国发 14 号文件提出了适当放宽民间资本、外资、国际组织资金参股设立小金融机构的条件；适当放宽小额贷款公司单一投资者持股比例限制；鼓励银行业金融机构到中西部设立村镇银行；引导小金融机构增加服务网点，向县域和乡镇延伸；符合条件的小额贷款公司可根据有关规定改制为村镇银行等政策措施。

（4）通过开展商业银行服务收费检查，清理纠正金融服务不合理收费等，规范对小型微型企业的融资服务。

（5）鼓励担保机构提高对小型微型企业的担保业务规模，降低担保收费；积极发展再担保机构，强化分散风险、增加信用功能；加快推进企业信用体系建设。

2. 为推动小型微型企业转型升级，国发 14 号文件提出四项具体措施

（1）在加强企业技术创新方面，一方面通过支持企业技术改造，中央预算内投资扩大安排用于中小企业技术进步和技术改造资金规模，重点支持小型企业开发和应用新技术、新工艺、新材料、新装备；另一方面是提升创新能力，完善企业研究开发费用所得税前加计扣除政策，实施中小企业创新能力建设计划，加快新技术和先进实用技术在小型微型企业的推广应用；另外还要进一步提高小型微

型企业知识产权创造、运用、保护和管理水平，加大对侵犯知识产权和制售假冒伪劣产品的打击力度，维护市场秩序，保护创新积极性。

（2）在加快企业结构调整方面，一方面通过积极支持创新型、创业型和劳动密集型的小型微型企业发展，鼓励小型微型企业发展现代服务业、战略性新兴产业、现代农业和文化产业，走"专精特新"和与大企业协作配套发展的道路；实施创办小企业计划，努力扩大社会就业；支持劳动密集型企业稳定就业岗位，推动产业升级，加快调整产品结构和服务方式。另一方面，国发14号文件也明确提出，加快淘汰落后产能，严格控制高污染、高能耗和资源浪费严重的小型微型企业发展，防止落后产能异地转移；综合运用多种手段，支持小型微型企业加快淘汰落后技术、工艺和装备。

（3）在提升企业管理水平方面，一方面通过支持管理创新，实施中小企业管理提升计划，帮助和引导小型微型企业加强财务、安全、节能、环保、用工等管理；另一方面提高质量管理水平，加强质量诚信体系建设，推广先进的质量管理理念和方法，严格执行国家标准和进口国标准；此外还要加强人力资源开发，拓宽用工渠道，实施国家中小企业银河培训工程和企业经营管理人才素质提升工程；最后是对小型微型企业新招用高校毕业生，给予培训费补贴和社会保险补贴。

（4）在拓展企业发展空间方面，一方面通过鼓励小型微型企业创新营销和商业模式，运用电子商务、信用销售和信用保险，大力拓展经营领域；另一方面建设集中采购分销平台，支持小型微型企业通过联合采购、集中配送，降低采购成本；此外还要营造有利于企业开拓市场的环境，改善通关服务，简化加工贸易内销手续，开展集成电路产业链保税监管模式试点；最后在促进企业集聚发展方面，需要规划建设小企业创业基地、科技孵化器、商贸企业集聚区等，各类园区要集中建设标准厂房，积极为小型微型企业提供生产经营场地；对新创办三年内租用经营场地和店铺的小型微型企业，给予一定比例的租金补贴。

3.多措并举，促进中小企业长期平稳较快发展

国发14号文件明确强调，要把支持小型微型企业健康发展作为我国巩固和扩大应对国际金融危机冲击成果、保持我国经济平稳较快发展的一项战略举措。明确提出了完善结构性减税政策，研究进一步支持小型微型企业发展的税收制度；完善涉企收费维权机制；研究制定防止大企业长期拖欠小型微型企业资金的政策措施；拓宽民间投资领域，促进民间投资便利化、规范化；建立和完善小型微型

企业统计调查、监测分析和定期发布制度等长效机制；完善小型微型企业职工社会保障政策等五点措施。这些措施这对于促进小型微型企业长期平稳健康发展，完善社会主义市场经济体制，增强经济发展活力，实现全面建设小康社会的战略目标具有重要意义。

二、《关于大力支持小型微型企业创业兴业的实施意见》的出台

（一）出台背景

为贯彻落实《国务院关于进一步支持小型微型企业健康发展的意见》（国发14号文件），结合实际，制定具体办法，以便加大对小型微型企业的扶持力度，创造有利于小型微型企业发展的良好环境，工业和信息化部、财政部、国家工商行政管理总局三部委在2012年7月12日联合出台了《关于大力支持小型微型企业创业兴业的实施意见》（以下简称《实施意见》）。

另外，为进一步促进中小企业，尤其是小型微型企业健康发展，在部委层面上，2012年3月22日工业和信息化部在全国范围内启动了以"服务企业、助力成长"为主题的中小企业服务年活动，并以贯彻落实国发14号文件作为服务年的重点服务内容：一方面加强与领导小组各成员单位的沟通协调，推动相关配套政策的制定出台；另一方面会同有关部门，组织全系统和社会力量，共同做好国发14号文件的贯彻落实工作。此外，工业和信息化部还在全行业范围内加大宣传力度，通过多种途径，宣贯14号文件精神。通过组织专家团队深入集聚区和园区，为广大中小企业送政策、送服务，真正帮助企业解决落实政策中的问题，解决困难。

（二）意见内容

1. 关于自主创业

《实施意见》明确，支持符合法律法规规定条件的各类人员自主创业，以多种形式设立市场主体，进入法律法规未明确禁止准入的行业和领域。对申请从事法律、行政法规或者国务院决定规定在登记前须取得前置许可的经营项目，并且已取得前置许可的，依法及时予以登记。

2. 关于非货币形式出资问题

《实施意见》明确，我国将鼓励投资者依法以股权、债权、知识产权等非货

币形式评估作价出资和增资，支持以不需要办理权属登记的自有技术作为公司股东的首次出资。同时，对小型微型企业免征企业注册登记费、税务发票工本费、海关监管手续费和货物原产地证明书费等行政事业性收费。

3. 小企业创业基地方面

《实施意见》提出，在"十二五"期间，国家重点支持3000家小企业创业基地建设。鼓励各地优先安排小企业创业基地用地指标；鼓励社会各类投资主体参与小企业创业基地建设；鼓励各类专业服务机构进驻小企业创业基地提供服务。

4. 财政资金支持方面

《实施意见》提出，逐年加大中小企业发展专项资金支持力度，重点支持小企业创业基地建设，小型微型企业的创业兴业项目，将资金总规模的80%以上用于小型微型企业和改善服务环境。国家中小企业发展基金重点引导地方、创业投资机构及其他社会资金支持处于初创期的小型微型企业。中小企业信用担保资金重点支持中小企业信用担保机构为小型微型企业创业兴业开展的融资担保业务。鼓励有条件的地区设立创业基金。

5. 融资方面

《实施意见》要求，各级中小企业主管部门要积极开展中小企业上市和集合债、集合票据、集合信托发行等中小企业直接融资培训及咨询服务。通过召开融资服务洽谈会、推介会等多种形式，组织小型微型企业与商业银行、券商、风险投资商等各类融资机构进行项目对接，推动融资机构和小型微型企业加强合作。各级工商行政管理部门要积极开展动产抵押、股权出质、注册商标专用权质押登记，完善相关工作机制，提供高效便捷的服务，指导小型微型企业利用抵押、质押担保进行融资，进一步拓宽小型微型企业的融资渠道。

6. 信用评级制度建设方面

我国将促进适合小型微型企业特点的信用评级制度建设，构建守信受益、失信惩戒的信用约束机制，增强中小企业信用意识，不断提高小型微型企业融资信用等级，提高小型微型企业的融资能力。

三、《关于安排政府性资金对民间投资主体同等对待的通知》的出台

《国务院关于鼓励和引导民间投资健康发展的若干意见》（国发〔2010〕13 号）规定，各级人民政府有关部门安排的政府性资金，包括财政预算内投资、专项建设资金、创业投资引导资金，以及国际金融组织贷款和外国政府贷款等，要明确规则、统一标准，对包括民间投资主体在内的各类投资主体同等对待。为了做好贯彻落实工作，国家发展改革委、财政部于 2012 年 6 月 1 日出台此通知。

（一）充分认识鼓励和引导民间投资健康发展的重要意义

改革开放以来，我国民间投资迅速发展壮大，目前已经占到全社会固定资产投资的 60% 以上，尤其是中小企业作为国民经济发展的一支生力军，在促进市场繁荣、提供就业岗位、推进结构调整、增强经济活力等方面都发挥着重要作用，成为推动国民经济平稳较快发展的积极力量。政府要从坚持和完善社会主义初级阶段基本经济制度的高度出发，充分认识鼓励和引导民间投资健康发展的重要意义，对符合政府性资金支持方向的民间投资主体同等对待，鼓励和引导民间资本参与公共服务、基础设施和扶贫开发等领域的投资。因此鼓励和引导民间投资是促进中小企业发展的一项重要举措。

（二）明确安排政府性资金支持民间投资发展的主要方式

政府在安排财政预算内投资和专项建设资金时，根据法律法规和有关政策规定，对于符合条件的民间投资项目，主要采取投资补助、贷款贴息等方式予以支持，资金的财务管理按照国家有关规定执行。

政府在安排创业投资引导基金时，对于在中国境内设立、依照国家有关规定备案、包括民间投资在内的各类创业投资企业，均可以采用参股、融资担保和跟进投资等方式进行扶持。要坚持市场化运作，通过与社会资本共同发起设立创业投资企业等方式，积极引导民间投资。

国务院有关部门按照国家相关规定安排国际金融组织和外国政府贷款。符合贷款条件的民间投资项目，可按规定程序申请使用国际金融组织和外国政府贷款，由财政部门和转贷银行进行转贷。

（三）安排政府性资金要对民间投资主体同等对待

政府在安排政府性资金时，要根据法律法规和有关政策规定，明确规则、统一标准，对民间投资主体同等对待，不得单独对民间投资主体设置附加条件。

与政府性资金管理和使用有关的规章制度、标准定额、发展规划、产业政策等，要按照《中华人民共和国政府信息公开条例》要求予以公开，便于民间投资主体准确获取相关信息。政府要依照政府性资金管理的相关规定，对各类投资主体提出的政府性资金申请进行认真审核。审核内容、审核标准、审核程序、审核规则等方面的具体要求应一视同仁。对于符合有关规定、通过审核的民间投资项目，在安排政府性资金时不得歧视。

（四）积极加强政府性资金的监督管理

政府要督促各类投资主体认真执行政府性资金管理的各项相关规定，确保政府性资金使用的规范、安全、有效。各级相关部门依据职能分工，对使用政府性资金的项目进行监督检查。使用政府性资金要依法接受审计、监察等部门的监督。政府要认真贯彻落实《国务院关于鼓励和引导民间投资健康发展的若干意见》（国发〔2010〕13号）和本通知要求，抓紧制订和修改完善本地区、本部门负责安排的政府性资金具体管理办法，明确规则、统一标准、同等对待、公开透明，为民间投资健康发展创造良好环境。

四、《关于印发进一步鼓励和引导民间资本进入科技创新领域意见的通知》的出台

（一）出台背景

改革开放以来，我国民营企业快速发展，尤其是中小企业作为国民经济发展一支生力军，民间资本持续增长，在促进科技成果转化、产业转型升级，培育发展战略性新兴产业、加快经济发展方式转变中发挥了重要作用。当前，50%的国家科技重大专项、90%的国家科技支撑计划、35%的863计划项目都有企业（包括民营企业）参与实施，说明民间资本已经成为科技投入的重要来源，民营企业已经成为自主创新的重要力量。科技工作始终把支持和鼓励民间资本进入科技创新领域作为一项重要任务。为贯彻落实《国务院关于鼓励和引导民间投资健康发

展的若干意见》（国发〔2010〕13号），进一步鼓励和引导民间资本进入科技创新领域，提升民营企业技术创新能力，促进广大中小企业投资和民营企业健康发展，2012年6月18日科技部出台了此通知。这对于增强中小企业经济发展活力、实现全面建设小康社会的战略目标具有重要意义。

（二）具体政策措施

1. 深化国家科技计划管理改革，加大对民营企业技术创新的支持力度

（1）鼓励更多的民营企业参与国家科技计划。切实落实国家科技计划管理改革的各项政策措施，在计划管理的各个环节为民营企业提供便利，鼓励其通过平等竞争牵头承担或与高等院校、科研院所联合承担国家科技重大专项和973计划、863计划、支撑计划、科技惠民计划等国家科技计划项目。支持有实力的民营企业联合高等院校、科研院所等组建产业技术创新战略联盟，组织实施产业带动力强、经济社会影响力大的国家重大科技攻关项目和科技成果产业化项目，依靠科技创新做强做大。经科技部审核的产业技术创新战略联盟，可作为项目组织单位参与国家科技计划项目的组织实施。

（2）大力扶持小型微型民营科技企业发展。星火计划、火炬计划、科技惠民计划、科技型中小企业技术创新基金、农业科技成果转化资金、科技富民强县专项等要进一步发挥对小型微型民营科技企业发展的抚育扶持作用，创新支持方式，扩大资助范围，加大支持力度，激发小型微型民营科技企业的技术创新活力。

（3）创新国家科技计划资助方式。综合运用科研资助、风险补偿、偿还性资助、创业投资、贷款贴息等方式，激励民营企业加大科技投入。继续探索和实践国家科学基金与有实力的企业设立联合基金，以企业需求为导向资助研发活动。

（4）鼓励民营企业参与国家科技计划的制定和管理。在确定国家科技计划的重点领域和编制项目指南时，要充分听取民营企业的意见，反映民营企业的重大技术需求。吸收更多来自民营企业的技术、管理、经营等方面的专家参加国家科技计划的立项评审、结题验收等工作。鼓励民间资本对国有单位承担的国家科技计划项目进行前瞻性投入，参与过程管理，分担风险，共享收益。

（5）支持民营企业参与国际科技合作。发挥政府间科技合作机制和国际创新园、国际联合研发中心、国际技术转移中心的作用，推动国内优势民营企业与国外一流机构建立稳定互利的合作关系，以人才引进、技术引进、研发外包等方式

开展国际科技合作与交流。

2. 汇聚科技资源，进一步增强民营企业持续创新能力。

（1）加快推进民营企业研发机构建设。在布局建设国家和地方工程（技术）研究中心、工程实验室、重点实验室等产业关键共性技术创新平台时，支持有条件的行业大型骨干民营企业发展综合性研发机构和海外研发机构，提高其利用全球创新资源和参与国际分工协作的能力。在实施创新人才推进计划等相关工作中，引导一批拥有核心技术或自主知识产权的优秀科技人才向民营企业流动和集聚。进一步加强民营企业工程技术人才的继续教育。积极探索设立专项资金，吸引和带动民间资本，鼓励和引导有条件的中小型民营科技企业自建或与科研院所、高等院校共建技术（开发）中心和中试示范基地。

（2）支持民办科研机构创新发展。完善政策法规，鼓励民间资本兴办科研机构，探索建立符合自身特点和发展需要的新型体制机制，面向市场和新兴产业发展需求开展技术研发、成果转化和技术服务。对瞄准国际前沿开展源头性技术创新的民办科研机构加大扶持力度，鼓励其牵头或参与承担国家科技计划项目，引进和培养优秀创新人才，创建国际一流研究开发条件和平台，在重大原创性技术方面取得突破，努力掌握新兴产业和行业发展话语权。符合条件的民办科研机构，可按照程序申请成为国家重点实验室或工程技术研究中心。研究制定民办科研机构进口科研仪器设备的税收优惠政策。

（3）促进公共创新资源向民营企业开放共享。推进工程技术研究中心、重点实验室、大型科学仪器设备中心、分析测试中心、实验动物中心等创新平台的资源共享，加大先进实验仪器设备和设施、科技文献、科学数据的开放力度，针对民营企业急需解决的技术问题，提供个性化的服务和分析测试方案，提高民营企业的科技创新效率。对公共创新资源实行开放共享运行的补贴政策。

（4）搭建民间资本与国家科技计划成果的信息对接平台。建立国家科技成果转化项目库，统筹国家财政性资金资助形成的科技成果信息资源，除涉及国家安全、重大社会公共利益和商业秘密外，科技成果的相关信息向社会公开，鼓励民间资本投资科技成果转化和产业化项目。

（三）促进科技和金融结合，拓宽民间资本进入科技创新领域的渠道

（1）大力引导民间资本开展科技创业投资。切实发挥科技型中小企业创业投资引导基金的杠杆带动作用，与地方规范设立和运作的创业投资引导基金形成上下联动的引导体系，运用阶段参股、风险补助和投资保障等方式，支持民间资本创办或参股科技创业投资机构，支持以民间资本为主体的科技创业投资健康发展。启动国家科技成果转化引导基金，鼓励地方参照设立相关基金，采取设立创业投资子基金、贷款风险补偿和绩效奖励等方式，支持和引导民间资本参与科技成果转化。

（2）推动民营科技企业进入多层次资本市场融资。支持和指导民营科技企业进行股份制改造，建立现代企业制度，规范治理结构。完善科技管理部门和证券监管部门的信息沟通机制，支持符合条件的民营科技企业在主板、中小企业板和创业板上市。加快推进中关村非上市公司股权转让试点，为非上市民营科技企业的产权转让、融资提供服务。

（3）支持民间资本通过发行债券产品和设立科技金融专营机构等方式开展科技投融资活动。鼓励地方科技管理部门和国家高新区组织发行中小型科技企业集合债券、集合票据、私募债券以及信托产品等债券产品，并引导民间资本合法合规投资。鼓励和支持民间资本与地方科技管理部门、国家高新区共同设立科技小额贷款公司、科技担保公司、科技融资租赁公司等专业机构。

（4）加强和完善技术产权交易机构的融资服务功能。建立技术产权交易机构联盟和统一规范的交易标准流程，以技术产权交易机构为平台，为民营企业提供技术产权交易、股权转让、知识产权质押物流转等服务。

（5）发挥民间资本在促进科技和金融结合试点中的重要作用。各试点地区要作为引导民间资本进入科技创新领域的先行区，制定出台政策措施，统筹协调科技资源、金融资源和民间资本，建设多层次、多元化、多渠道的科技投融资体系，支持小型微型民营科技企业发展。

（四）落实和完善政策，营造有利于民营企业创新创业的发展环境

（1）为民营企业的科技创新落实各项扶持政策。经认定的民营高新技术企业享受所得税优惠政策。规范企业研发费用归集方法，对民营企业开发新技术、新产品、新工艺发生的研究开发费用，落实加计扣除政策。民营企业的技术转让所

得，享受所得税优惠政策。

（2）落实民间资本参与创业投资的税收政策。创业投资企业采取股权投资方式投资于未上市的中小高新技术企业2年以上的，可以按照其投资额的70%在股权持有满2年的当年抵扣该创业投资企业的应纳税所得额。

（3）健全完善科技中介服务体系。加快发展生产力促进中心、科技企业孵化器、大学科技园、技术转移机构、科技金融服务中心等各类科技中介服务机构，逐步建立一批具有分析测试、创业孵化、评估咨询、法律、财务、投融资等功能的综合服务平台，实现组织网络化、功能社会化、服务产业化，为民营企业提供技术开发、创业辅导、信息咨询和融资支持等服务，为民间资本投资科技成果（项目）搭建对接平台，协助初创期的企业解决各种困难，提高科技创业和民间投资的成功率。继续实施国家对科技企业孵化器、大学科技园的税收扶持政策。

（4）推进国家高新区建设。实施国家高新区创新发展战略提升行动，推动国家自主创新示范区加大先行先试力度并适时推广成功经验，在高新区聚焦具有明确优势的战略性新兴产业，积极打造具有国际竞争力的创新型产业集群，将高新区建设成为民营企业创新创业和民间资本进入科技创新领域的重要平台和基地。

（5）各级科技管理部门、国家高新区要进一步解放思想、统一认识、创新工作方法，破除制约民间资本进入科技创新领域的思想观念和体制机制障碍，切实把民营企业作为技术创新的主体，把民间资本作为推动全社会科技进步的重要力量，努力营造良好的创新创业环境。要面向民营企业进一步加大科技工作大政方针、科技计划申报、科技经费管理和使用、科技资源开放共享、科技税收政策、科技和金融结合等方面的宣传、培训和服务，支持民营企业不断提高技术创新能力，促进民间资本健康发展，加快推进创新型国家建设。

热 点 篇

第十一章　国际热点事件

一、欧盟委员会发布《2020 创业行动计划》

2013 年 1 月，欧盟委员会发布《2020 创业行动计划》。该行动计划强调教育和培训的重要作用，高度重视在学校中提倡创业精神，希望以此造就新一代创业者，振兴欧洲经济。欧盟创业行动计划主要在 6 个方面采取特别措施，营造有利于创业的社会环境：

首先，便利创业融资。欧盟委员会在强化现有金融工具的同时，将推动创建欧洲小额贷款市场，简化税收系统，帮助中小企业通过私人直接投资实现融资，包括微型债券、个人合作投资平台、企业天使投资。

其次，便利企业转让。欧盟委员会表示，欧盟境内每年有 45 万个企业易主，其中 15 万个彻底关闭。欧盟委员会决定放宽企业的出路，利用现有欧盟企业基金资助企业转让，改善企业转让的信息采集和咨询服务，取消尚存的阻碍企业跨国转让的壁垒。

第三，帮助诚信的破产企业二次创业。欧盟委员会的调查显示，绝大多数中小企业的破产都是由于被拖欠付款或者其他实际问题，同时，首次破产后再次创业者的成功率比较高。因此，欧盟委员会要求成员国灵活执行企业破产的清偿立法，侧重帮助企业克服资金困难、实现重组、避免破产。

第四，实行企业启动扶持。欧盟委员会的调查显示，50% 的新企业是在最初的 5 年时间内陷于破产。因此，欧盟委员会要求成员国采取措施，投入更多资源帮助新企业渡过难关，在培训、研发、创新产品商品化等方面资助创业者，并降低新企业的社会负担。

第五，大力资助中小企业实行数字信息技术。

第六，简化政府管理企业的程序。该创业行动计划还要求所有成员国在2015 年将创业教育引入大中小学和成人培训，青少年在学校毕业时至少有一次创业实践，从经营微型公司到为公司和社会项目进行企业策划。欧盟委员会的调查显示，15%—20% 接受创业教育的中学生最终选择自主创业，该比例比普通人群高 3 至 5 倍。

欧盟新的增值税法律于 2013 年 1 月 1 日起实施。新法将为欧洲企业经营带来诸多便利：一是电子账单将与纸质账单等效，此举将为企业每年节省行政成本 180 亿欧元；二是考虑到中小企业实际收款 / 付款时间与发票开具时间存在出入，欧盟允许成员国准予年营业额低于 200 万欧元的中小企业采用现金制会计方法（cash accounting，以现金收到或付出为标准，来记录收入的实现和费用的发生），即在企业收到顾客或者支付账款时缴纳增值税，而不是在开具发票的时候即上缴增值税，以避免企业现金流出现问题。

此外，欧委会助力欧洲中小企业进军国际市场，在华知识产权保护成重点。2012 年 3 月，欧委会强调要扩大"欧洲中小企业在华知识产权咨询办公室"（以下简称咨询办公室）的服务范围，每年帮助数以千计的欧洲中小企业在中国这一重要市场上保护其知识产权。咨询办公室为帮助欧洲中小企业安全进入中国市场提供的所有服务都是免费的，其中包括为中小企业提供建议和开展培训，使其了解如何在中国注册知识产权、防止假冒，并寻找可信赖的供应商。2011 年，咨询办公室共开展了 50 多个培训项目，为约 2400 家欧盟中小企业提供了帮助。

二、法国政府推出支持中小企业发展的五大行动

2012 年 11 月 6 日，法国公布《促进增长、竞争力和就业的国家公约》，宣布未来 3 年为企业减税 200 亿欧元等 35 项政策，其中包含惠及中小企业发展的各项措施：为企业获取财政资助提供畅通渠道，为提高竞争力、增加岗位完善税收减免政策，支持出口，简化行政审批手续等。法国总理让 – 马克 – 埃罗表示："由于中小企业具有强大的发展和就业潜力，政府愿意动用一切手段来提升其竞争力，

促进革新，支持创造，提高产品质量。"主要措施包括：

1. 资金支持：政府将采取多种措施进行资助

首先，政府将于2013年创建公共投资发展银行（BPI），共有420亿欧元资金（其中320亿为借贷金和保证金），用于资助中小企业。此外，政府还决定再投入3.5亿欧元的公共额外保证金，以解除对小企业5亿欧元的短期借贷限制。同时，将会采取措施，增加对出口企业的资金支持。

其次，政府将对银行进行改革，改革的主要目的就是使银行"将资金优先投入到对实体经济的资助中"。

再次，对于违反付款期限的行为将进行处罚，禁止任何拖延付款的行为。而政府以身作则，公开表示到2017年，将自己的支付期限减少到20天。

另外，2013年第一季度推出中小企业股市，帮助中小企业顺利进入资本市场。同时，2012年9月末宣布的中小企业－股份储蓄计划（plan d'épargne en actions）将同时付诸实施。这份计划将为储户提供财政优惠，与上市大企业相比，更加鼓励储户投资股市中的中小企业。

2. 就业：减轻税务负担，促进就业

法国政府希望通过建立减税制度（CICE）来提升竞争力、促进就业。原则是减税制度按照毛工资比例计算（高于行业间最低增长工资2.5倍的除外）。公报文件中指出，其"经济效果将非常明显"。2013年之后，中小企业将感受到减税之后资金运转良好的效果，其他企业将于2014年感受到2013年税收减免之后的影响。

目标是每年减少企业成本200亿欧元，以利于企业投资或招聘。

此外，政府还打算到2017年，在中小企业中建立50万个见习岗位，特别是通过高层次的技术培训培养见习生。

3. 创新：支持尖端企业发展

法国政府已经决定完善减免创新企业的社会分摊金和税收政策。2011年国家财政法案出台之前，科技进步型新兴企业可享受7年的企业社会分摊金减免。

法国政府还鼓励公共采购组织支持创新型中小企业的发展。对此，创新型公共采购会议（Conférence de l'achat public innovant）将一直持续到2013年3月，讨论如何完成到2020年对创新型中小企业的采购额达到2%的目标。

除了以上措施，想要投资发展应用型尖端数字技术的中小企业将享受借贷优惠政策。政府鼓励中小企业申请专利（中小企业现拥有 17% 的专利）。

4. 出口：帮助中小企业在国外建立分厂

公共投资银行将选出 1000 家中小企业，在法国投资署（Ubifrance）的赞助下，政府将为其制定各自的出口计划。

2012 年修正过的财政法案将法国出口财政拨款与对外政策相联系，从而"使法国企业拥有'同样的武器'与竞争者对抗"。2014 年年初将进行出口借贷制度改革，以缓解银行在这方面的压力。

目前的措施有：为出口债权提供资金支持、外汇保证金、扩大借贷担保以及建立公共直接投资机制。

5. 简化中小企业行政审批手续

法国政府致力于减少针对中小企业的行政审批手续，方便中小企业的活动，避免填写繁复的申请表格。同时，政府承诺合并行政机构中的 100 种申请材料，避免重复填写类似表格。更为可喜的是，从现在开始，企业将会得到一份行政审批材料清单，方便直观。

此外，法国政府还为每个企业指定唯一的行政机构，由它负责向相关组织索要行政材料。2013 年第一季度对这次"去繁文缛节"行动进行测试。

2014 年，25 万家企业将收到一份缴纳企业互助贡献税（C3S）的申报单。2016 年，企业缴税时，只需填写一张社会记名申报单（DSN）。根据要求，社会记名申报单将于 2013 年替代其他申报单（DMMO，DSIJ 和雇员证明单）。

为企业服务的各种网站将于 2013 年集中于 guichet-entreprises.fr 网站，方便企业咨询相关信息。

三、日本重点加强对中小企业资金支持

为应对金融危机，加强对中小企业资金周转支持，2009 年 12 月日本开始实施《中小企业金融圆滑化法》（延后还款法），目的是为资金周转出现困难的中小企业赢取更多的重建时间。如果中小企业提出推迟偿还债务的申请，金融机构有义务予以配合。最初该法的有效期暂定到 2011 年 3 月，之后延迟了两次，到

2013 年 3 月底到期。期间申请延期还款的约 370 万例，其中 9 成以上金融机构予以了批准，极大地减少了企业破产。

该法到期后，许多人担忧金融机构将收紧放贷、严格放贷条件或致使中小企业破产数有所增加。日本金融厅估计将有 5 万—6 万家中小企业受此影响而倒闭。2013 年 4 月，日本金融厅召开全国财务局长会议，要求在该法律到期之后，各地区的金融机构继续为中小企业提供资金并支持其改善经营。日本政府之所以停止延长"顺畅化法"的有效期，是担心随之而来的副作用。如果企业反复推迟偿还债务的的话，很有可能丧失经营的积极性。

为了避免因金融机构政策的转变而带来的企业破产的风险，日本新成立了地区经济活跃化支援机构，对中小企业进行支援。主要通过向地方银行组建的重建基金进行投资、派遣相关专家等进行间接支援，或者直接投融资进行直接支援。如果中小企业向支援机构提出申请，该机构将根据企业的财务和业务情况判断是否予以支援。即使企业不满足条件，支援机构也会提供相关建议。但是，参与调查中小企业经营状况的中小企业相关人员表示，对于中小企业的发展，提供紧急支援不是关键，最根本的是转变经营体制。

同时，日本地方金融机构通过设立再生基金为中小企业提供债务、经营、资金等方面的支援和指导，强化对中小企业的金融支援，相继设立"中小企业再生基金"。北海道北洋银行将与国内投资机构合作设立面向中小企业的基金；广岛银行等广岛县内 10 家金融机构与日本政策投资银行合作，成立规模为 30 亿日元的基金；千叶县政府将与当地金融机构及日本中小企业基础整备机构共同设立中小企业再生基金，规模为 20 亿日元；长野县八十二银行、信用金库等金融机构也计划与中小企业基础整备机构共同设立规模为 30 亿日元的中小企业再生基金。

2012 年 4 月，日本政府发布了 2012 年版的《中小企业白皮书》。白皮书分析了运用独家技术及产品研发在海外获得成功的案例，鼓励中小企业发挥自身潜能赴海外谋求发展。在对 262 家 1998—2004 年度在海外生产或销售产品的企业调查后发现，进军海外市场后的 5 年内国内员工人数不减反增。这说明中小企业赴海外发展未必会减少国内就业机会。2013 年，日本把支援中小企业海外业务纳入成长战略，还出台新政扶持中小企业投资海外，将与当地的日本大使馆、商工会议所、律师事务所、金融机构以及人才派遣公司等携手在新兴经济体以及一些经济发展前景较好的发展中国家设立"支援组"。支援组的窗口单位为日本贸易振兴机构（JETRO），主要负责工厂用地的介绍以及与当地政府交涉等工作。支援组计划于 2013 年在中国、菲律宾、印尼、越南、泰国、缅甸、印度、巴西等 8 个国家设立法律、劳务服务窗口，为中小企业提供相关服务，计划为 1000 家在海外设立据点的中小企业提供代理营业服务。

之前，日本贸易振兴机构主要为日本企业的海外投资提供有关国家的制度、市场信息，而工厂用地、办公场所的租赁、当地货币的资金筹措、法律会计的专家聘请几乎都由企业自行实施。新政策下，日本贸易振兴机构不仅负责向企业介绍工厂以及办公场所，而且负责介绍当地的人才派遣公司、金融机构等，使企业能够迅速便捷地聘用到人才以及筹措到资金。

四、新加坡推出扶持中小企业的三年过渡期措施及系统性加强措施

为协助本国中小企业发展，新加坡政府在 2013 年度财政预算案中推出一系列新的举措，包括三年过渡期措施及为提升中小企业可持续发展能力而采取的系统性加强措施。

（一）为协助中小企业适应转型过程，推行"过渡时期三年援助配套"

1. 加薪补贴计划（Wage Credit Scheme）（新推出）

为了鼓励企业与员工分享提高生产力所取得的回报，并减轻劳工市场紧缩及人力成本增加对企业造成的压力，政府在 2013 至 2015 年分担企业支付给新加坡雇员加薪的 40%，以 4000 元月薪为顶限。

2. 生产力及创新优惠计划奖励（Productivity and Innovation Credit（PIC）Bonus）（新推出）

除了现有的生产力及创新优惠计划外，企业（即公司、独资企业与合伙企业）如在一个估税年内支出至少 5000 元，完成计划下的合格项目，即可在 2013 估税年到 2015 估税年内获得政府 1 元对 1 元的奖励，奖励金总数可高达 15000 元。

3. 公司税回扣（Corporate Income Tax Rebate）（新推出）

为协助企业应付营业成本的增加，政府将在 2013 估税年到 2015 估税年期间，给予企业 30% 的公司税回扣，每个估税年的回扣额可高达 3 万元。

（二）为建立一个具有生产力、竞争力和蓬勃发展的中小企业领域，并为新加坡人制造良好的就业机会，推出系统性的加强措施

1. 协助中小企业推动生产力、创新和技能的提升

（1）加强生产力及创新优惠计划（Enhanced Productivity and Innovation Credit (PIC) Scheme）（从 2013 估税年起开始生效）。

——扩大有关购置知识产权的合格项目，包括知识产权许可引进。

——更多自动化器材列入生产力及创新优惠计划的合格项目中，包括有助提高生产力的基本营业工具。

（2）业界合作项目（Collaborative Industry Projects）（2013 年下半年推出）

政府将与业界企业及伙伴，例如商团与商会组织，合作解决个别行业所面对的生产力挑战。由至少 3 家中小企业，解决方案供应商和用户所组成的商业联盟，将负责开发并提出由下而上、可扩展的生产力解决方案。标新局将支持 6 大重点领域的业界合作项目，其中就包括：食品制造、餐饮服务、家具、印刷与包装、零售以及纺织与服装业。

（3）科技采纳计划（Technology Adoption Programme）（新推出）

新加坡科技研究局将把中小企业与科技有关的各种需要同解决方案供应商联系起来，协助不同领域的企业通过采纳科技创新和解决方案提高生产力。从 2013 年 7 月 1 日起，政府将在以下 6 大领域推行这项试验计划：建筑、食品制造、精密工程、海事、宇航和零售业。

（4）土地善用补贴（Land Productivity Grant）（新推出）

此计划为更有效地使用土地；或是选择把核心业务保留在新加坡、将其余业务转移至海外或本区域的公司提供援助。

（5）中小企业人才培育计划（SME Talent Programme）（2013 年二季度推出）

由标新局和各商团与商会组织推出的中小企业人才培育计划将在未来 5 年内，通过颁发助学金和给予毕业生就业机会，吸引来自理工学院和工艺教育学院的本地人才加入中小企业，力争在五年内为中小企业培养 3000 名人才。

（6）培训援助（Workforce and Training Support）

A、WorkPro 计划

为重新设计工作、在职培训，以及招聘和保留员工提供资助，协助企业支持年长和多世代劳工队伍以及重返职场的本地员工。

通过发展补贴，协助雇主抵消落实灵活工作安排以及其他工作与生活措施的成本；并提供灵活工作安排奖励鼓励雇主支持更多员工加入灵活工作安排制度。

政府将以全额资助就业准备课程，支持重返职场的国人。月薪少于4500元的员工将获得留任奖金（Retention Bonus），而来自低收入家庭的国人也将获得一笔一次性的额外交通补贴。

B、新加坡劳动力发展局企业培训援助计划（Enterprise Training Support Scheme（ETS））

全面的人力资源和培训援助配套，为公司提供5项援助金：1）培训补贴、2）能力补贴、3）人力资源开发补贴、4）薪金与福利系统审查补贴、5）量身打造和协调课程补贴。

C、加强中小企业培训援助（Enhanced Training Support for SMEs）

政府将为超过8000个课程提供高达90%的资助，降低中小企业的培训成本，鼓励更多员工参与培训。

D、先任职再受训计划（Place-and-Train（PnT））

政府将为先任职再受训计划注入更多资金。在该计划内，员工先获得雇主的聘用，再接受工作所需的技能培训。新加坡劳动力发展局将在培训期间，为员工的薪金和培训成本提供部分资助

2. 协助中小企业把握业务发展良机

（1）市场备入援助金（Market Readiness Assistance（MRA）Grant）（2013年4月1日推出）

为协助中小企业取得环球机会，新加坡企发局将从2013年4月起推出1800万元的市场备入援助金（Market Readiness Assistance-Grant，简称MRA），一是为中小企业进军海外市场提供50%的费用补贴，每家公司每年最高达2万元；二是资助商会聘请当地市场代理以寻求商业机会。另外，企发局还将在国际企业合作计划（GlobalCompanyPartnership）项下拨款2000万元，协助企业应对国际化过程中的人力局限问题。进军海外的中小企业可申请援助金，向合格顾问寻求有关海外发展的咨询，其中包括市场评估、市场准入和业务重组等方面。

（2）海外业务发展（In-market Business Development）

中小企业将会获得更多海外业务发展方面的援助。新加坡国际企业发展局将与商团与商会组织合作，聘请当地市场中介商，协助中小企业发掘和争取海外商

业良机。

（3）提升企业能力合作计划（Partnerships for Capability Transformation（PACT））（2013年4月1日推出）

PACT计划是新加坡政府为加强大型企业（销售额超过1亿新加坡元的企业）与中小企业协作而推出的计划，工作重点集中在三个方面：推动大企业向至少一个中小企业知识转移；促进大企业供应商的能力提升；促进大企业与至少一家中小企业在技术创新方面的共同开发和科技试验。

中小企业可通过增强后的提升企业能力合作计划获得更多商机和合作机会：范围从原本的制造业进一步扩大至其他行业；同时促进中小企业跟大企业在共同创新、科技试验、知识传递和分享最佳实践等方面的合作。

（4）进一步协助企业取得融资（Support to Enhance Companies' Access to Financing）

新加坡国际企业发展局与亚洲开发银行合作，扩大贸易融资计划，提供企业信贷担保，促进新加坡与新兴市场的贸易往来。

3. 为中小企业营造亲商环境

（1）创办中小企业中心（SME Centres）（2013年4月1日推出）

企业发展中心将进一步扩大，成为一站式中小企业中心。中小企业可通过中心向政府和私人机构了解各种援助计划。中小企业中心也将接触更多企业，提供更有效的政府援助、让企业能更方便地提出申请。

（2）实施精简援助计划（Streamlining of Schemes）（2013年4月1日推出）

为了方便中小企业提出申请，标新局已将各政府援助计划简化并整合为一项能力发展津贴（Capability Development Grant（CDG）），以支持企业进行生产力改进和能力发展项目。当局也将申请表格简化和统一，成为两页；并计划推出新网站让企业直接上网提交申请，减少企业的文书工作。总的来说，中小企业将可从五大范围中获得援助：

1）工具箱。包括下列自助指南：客户服务；人力资源能力；财务管理；行销；生产力。

2）赠券。提供5000元的创新与能力赠券（Innovation and Capability Voucher（ICV）），抵消聘请合格顾问和服务供应商的费用，协助企业进行：生产力改进；人力资源开发；财务管理；创新。

标新局计划在四年内发出总值 3200 万元的"创新与能力赠券"（Innovation and Capability Voucher），帮助中小企业尝试创新概念、提高生产力、加强人力资源发展和财务管理，以进一步拓展业务并获得可持续性发展。标新局推出"创新与能力赠券"计划，取代原有的"创新赠券"计划（Innovation Voucher Scheme）。过去，中小企业需有创新概念，才能向标新局申请一张价值 5000 元的赠券。而现在，无论是想尝试创新概念、提高生产力、还是加强人力资源发展和财务管理，都可以申请赠券。同样是每张价值 5000 元的赠券可用于针对企业的评估、可行性研究、业务改善流程、有针对性的培训计划、产品或服务的发展计划，以及企业采用质量和标准。所有中小企业只需经过三个步骤，就可以申请赠券：一是同参与计划的服务供应商讨论需求，共有 120 个供应商供选择；二是将申请表格寄至标新局；三是使用赠券来购买企业所需的服务。标新局的目标是每年帮助 1600 个中小型企业，在四年内帮助 6400 家企业。

3）税务优惠。由新加坡国内税务局执行的生产力及创新优惠计划（PIC），400% 的税额扣除（顶限为 40 万元），以及 / 或 60% 现金津贴（顶限为 10 万元），用来支付生产力改进和创新开支。包括 6 个范围：购置或租用生产力与创新相关的 IT 与自动化设备、培训、购置或转让知识产权、注册特定的知识产权、研究与开发、获批准的设计项目。

4）能力发展津贴 CDG（Capability and Development Grant）。为有助提升企业竞争力和业务增长的生产力改进和能力发展项目，提供高达 70% 的津贴，所支持的 10 大方面包括：业务创新与设计、商业策略拓展、品牌发展、提升质量与标准、财务管理、人力资本发展（如中小企业人才培育计划）、知识产权与特许经营、生产力改进（如业界合作项目、土地善用补贴）、卓越服务、科技创新。

5）贷款。通过参与计划的金融机构，发放可用作营运资本，贸易融资和设备融资，并由政府所支持的贷款，其中包括：

——本地企业融资计划 LEFS（Local Enterprise Finance Scheme）。提供最高 1500 万美元的贷款（4 年期（含）以下利率最低 4.25%，4 年期以上利率最低 4.75%），用于中小企业生产自动化及设备升级，或购买厂房和商业场地（仅限购买裕廊工业园管理局公司 JTC Corporation 和新加坡建屋发展局 Housing & Development Board 的资产），以及购买建筑设备及重型车辆等。

——贷款保险计划 LIS（Loan Insurance Scheme）及 LIS+。用于中小企业营

运资本贷款保险。通过 LIS 计划，政府为中小企业提供 50% 的保费（保费由保险公司依据借款企业的风险评估决定）补助，且对中小企业无贷款额度限制；LIS+ 是 LIS 的补充计划，政府为参与 LIS 的保险公司提供一年 1.5% 的风险补贴，限制最高贷款额 500 万新加坡元。

——微型贷款计划 MLP（Micro Loan Programme），为雇员少于 10 人或年销售额不超过 100 万新加坡元的中小企业提供最高 10 万美元的贷款，用于日常经营或厂房及设备升级，4 年期以下贷款年利率最低 5.5%。

五、美国中小企业管理局对中小企业的支持

目前，美国约有小企业 2700 万家，占美国企业总数的 99%。其就业人数占美国就业人数的 56.5%，提供了 2/3 的新增就业岗位，生产的出口商品占全美商品出口总额的 1/3。此外，小企业还是美国技术创新的重要源泉，它能提供 55% 的技术创新。

根据美国中小企业局（SBA）的定义，制造业类小企业是指雇员在 500 人以下的企业，服务业雇员人数在 100 人以下。按照这一标准，美国现有小企业近 2800 万家，占美国企业总数的 99%。根据美国 Docstoc 网站收集的信息，美国逾 50% 的就业人口（1.2 亿人）就职于小企业。自 1995 年以来，逾 65% 的新增工作岗位来源于小企业。在新成立的雇主企业中，70% 存活至少 2 年，50% 至少 5 年，三分之一至少 10 年，四分之一至少 15 年或以上。2011 年美国有 2250 万家小企业是非雇主企业（即自雇，没有其他的员工。1940 万家非雇主企业是独资经营，160 万家是合伙制，140 万家是企业法人。2011 年非雇主企业的总营收达到 9896 亿美元，平均营收为 4.4 万美元，大约 80% 的非雇主企业的营业收入不到 5 万美元。）

美国形成了比较完善的扶持中小企业的机制和措施。1938 年美国成立了"临时全国经济调查委员会"，并于 1941 年发表调查报告。调查结果指出：政府对中小企业缺乏保护措施是导致中小企业大量破产的根本原因。而后，美国政府才逐步制定了一系列的政策及法规，并成立了一些保护和扶持中小企业的单位及行政机关，如：参议院中小企业委员会（1940 年）、众议院中小企业委员会（1941 年）、商务部（Department of Commerce）中小企业办公室（1941 年）等。美国国会于

1953 年通过《中小企业法》（Small Business Act），美国政府则依据此法，成立了中小企业局（Small Business Administration，简称 SBA），随着这个专门为中小企业服务机关的设立，美国的中小企业政策逐步形成与发展起来。SBA 对中小企业的协助及业务内容主要有：

（一）取得资金（Capital Access）

SBA 以融资保证、权益投资、履约保证的方式来协助中小企业对资金的需要。SBA 新闻处提供的资料显示，2012 财年 SBA 向小企业提供了 53848 笔贷款支持，合计 302.5 亿美元，创历史第二高纪录，贷款金额仅次于 2011 财年的 305 亿美元。2012 财年 SBA 简化了贷款审批流程，八成以上贷款申请通过网络处理。SBA 已经成为美国小企业获得融资的基础渠道之一。SBA 协助中小企业取得资金之方式包含以下几种：（1）贷款保证，如 7（a）贷款保证方案〔7（a）Loan Program〕，认证开发公司 /504 长期贷款方案（CDC/504 Loan Program）；小额贷款方案（Micro-Loan Program）。（2）灾难重建贷款方案（Disaster Assistance Loan Program）。（3）投资业务。1958 年美国国会通过《中小企业投资法》，允许民间合资创立专门投资中小企业之中小企业投资公司（SBIC），SBIC 运作类似私人创投公司，只是由 SBA 监管，并专门投资及管理现存或新的中小企业。2009 年所有 SBIC 投资约 18 亿美元于 1477 家之企业。24% 的金额是投资于创立不到 2 年的中小企业，11% 之金额则投资于未来具竞争潜力的公司。（4）履约保证（Surety Bond Guarantee，简称 SBG）。SBG 方案提供小型或少数民族的企业主取得履行合约保证，以参与政府工程采购的竞标。

（二）管理及信息服务

SBA 以合伙出资方式成立中小企业发展中心（Small Business DevelopmentCenter，简称 SBDC）提供中小企业信息、管理、咨询、研发及训练等方面的服务。SBDC 更进一步地成立了企业信息中心（Business Information Center，简称 BIC）、妇女企业中心（Women Business Center，简称 WBC）及美国出口业辅导中心（U.S. Export Assistance Center，简称 USEAC），以提供各式各样经营管理及信息服务，并对无法独立负担研究、训练及信息费用的中小企业提供现代化、高科技的咨询服务。

（三）协助取得政府的采购或工程合约（Government Procurement）

根据 1997 年修订的《中小企业法》，SBA 须确实掌握中小企业及弱势团体能依照法案规定的目标取得政府采购及工程合约，并每年向上级政府及国会报告政府合约分配的结果是否到预期。目前美国政府 23% 的合约是和中小企业签订的。

（四）倡议、倡导及声援（Advocacy）

1976 年美国国会在 SBA 的体制下成立了倡议声援办公室（Office of Advocacy），听取中小企业心声，维护中小企业地位等。

奥巴马政府继续加大对中小企业扶持力度，在其 2013 年财政预算草案中，专门提出针对支持中小企业发展的预算方案，包含以下七个方面：

一是通过增强中小企业获得信贷来刺激就业增长。预算中对小企业管理局的 7（a）贷款项目提供 160 亿美元，分为 140 亿美元的长期贷款和 20 亿美元的循环信贷额度。后者将通过取款和偿还过程支持约总值 460 亿美元的经济活动。此外，管理局还支持 60 亿美元担保贷款用于商业地产和重型机械购置。此外，美国财政部仍将继续执行对社区银行提供支持的项目，并通过支持创新性企业发展项目来刺激新增贷款。

二是对寻求增长和扩张的中小企业实施减税。目前美国总统奥巴马已经签署生效了 17 项针对中小企业减税的法案，包括对一些关键的中小企业投资实施减免资本利得税，对新增加工资支出的中小企业提供 10% 的所得税税收抵减，对向员工提供卫生医疗类的中小企业进一步扩大税收抵减额度。此外，奥巴马还提出 100% 折旧方案，鼓励中小企业投资于厂房和设备等大型固定资产。

三是鼓励对中小企业的投资。预算草案提出对于中小企业股票进行的投资，其资本利得税永久减免，该举措将鼓励部分观望类资金投资于中小企业。

四是促进对经济陷入困境地区和对国家至关重要行业的投资。2013 年，中小企业管理局将继续支持部分被风险资金所忽略地区的中小企业。中小企业管理局将通过中小企业投资公司向中小企业提供投资。

五是帮助创新性企业获得早期贷款。中小企业管理局通过中小企业投资公司，扮演类似风投的角色，在中小企业起步阶段提供资金支持。

六是促进中小企业，尤其是出口类企业更好地与联邦政府机构的沟通，增强中小企业出口。奥巴马政府 2009 年提出 5 年出口倍增计划。财政预算中 5.17 亿美元用于国际贸易管理局继续执行国家出口计划，该计划用于增加美国出口并增加相关工作岗位。

七是帮助地域性创新活动。中小企业对于地方经济至关重要，中小企业管理局每年动用约 340 万美元用于增强中小企业参与地方经济发展，包括科技创新以及增加地方就业等。

第十二章　国内热点事件

一、新"四化"与中小企业发展

十八大报告提出，推动信息化和工业化深度融合、工业化和城镇化良性互动、城镇化和农业现代化相互协调，促进工业化、信息化、城镇化、农业现代化同步发展。

中小企业作为国民经济的重要组成部分，既是推动工业化稳定发展的重要力量，又是信息化应用的主体，也是两化融合发展的集中体现，同时还是推动城镇化进程的必要主体，更是促进农业现代化发展的生力军。

（一）新型工业化对中小企业发展提出的新要求

中小企业是我国工业经济发展的重要基础，其成长壮大促进了我国工业化进程的快速发展，是新时期实现新型工业化的重要支撑，是实现"四化"同步发展的关键着力点。

1. 中小企业应增强创新能力，力促实体经济发展，践行工业强国战略

中小企业是实体经济的重要组成部分，是实现工业强国目标的主力军。一方面中小企业数量大、就业广、活力强，是振兴实体经济的重要主体，但同时中小企业在技术创新方面又具有效率高、周期短等明显优势，能够显著推动工业转型升级，实现工业跨越式发展。

2. 中小企业应充分利用并发展信息技术，促进工业化与信息化融合发展

中小企业是应用和发展现代信息技术的最大群体。在新时期，中小企业要把

握新一轮科技革命的发展契机，重视信息化建设，由被动采用转变为主动应用和发展信息技术，借助公共服务资源，将云计算、移动网络、物联网等信息技术充分应用于生产、研发和管理等各个环节，有效提高生产效率和产品附加值，同时，不断积累技术人才优势，完善信息技术产品和方案，逐渐掌握技术话语权，实现内涵式、集约高效式发展。

3. 中小企业应发挥集聚发展优势，提升综合实力，促进工业化与城镇化良性互动

中小企业是吸引农村剩余劳动力向第二、第三产业转移的主要载体。一方面，中小企业应发挥集聚发展优势，构建中小工业企业产业集群，培植城镇产业基础，提升城镇经济规模，实现资源集约化、企业规模化、农村城镇化发展。另一方面，中小企业要充分利用城镇化的发展空间，提升企业综合实力，带动服务业和周边市场的兴起，为地方经济增长提供支撑。

4. 中小企业应勇挑工业反哺农业重担，促进农村经济发展，推动工业化与农业现代化相互协调

中小企业是实现农业支撑工业、工业反哺农业发展格局的关键。中小企业可以带动现代技术、先进理念和专业的人才向农村渗透，以农户为基础，通过与龙头企业或农村经营合作社合作组成完整的农业产业链，有效促进农业现代化的进程，推动城乡同步发展。

5. 中小企业应践行科学发展，采取绿色低碳模式，加快工业转型升级步伐

新型工业化要求大力发展绿色低碳循环经济，作为制造业主体的中小企业应充分发挥绿色发展潜力，走清洁安全、绿色低碳发展道路。要摒弃原有高污染、拼人力的"黑色"发展思路与做法，转变技术水平低、效益差、污染严重的低端制造发展模式，不断提升绿色环保技术水平。大力推动绿色产业发展，加快促进绿色技术、产品或商业模式创新，优化工业产业结构，推动工业转型升级。

（二）城镇化是中小企业发展的重要机遇

城镇化是我国最大的内需潜力所在。我国城镇化率刚刚超过50%，按户籍人口计算仅为35%左右，不仅明显低于发达国家近80%的水平，也低于许多同等

发展阶段国家的水平。[1] 如果未来十年我国的城镇化速度仍然能够保持过去十年的平均水品,那么每年仍将有一千多万人口转移到城市中来,这必然会带来巨大的市场需求空间,带来对城镇公共基础设施的巨大需求,这将是中国未来十年经济保持长期平稳快速增长的重要动力来源。

1. 刺激投资需求,为中小企业提供广阔的市场

城镇化会直接导致对城镇公共服务和基础设施投资需求的增加,新增的房屋需求会继续拉动房地产等基础设施建设行业。根据国家统计局的统计,"十六大"以来,我国城镇化发展迅速,2002年至2011年,我国城镇化率以平均每年1.35个百分点的速度发展,城镇人口平均每年增长2096万人。2011年,城镇人口比重达到51.27%,城镇人口为69079万人。据测算,城市化率每提高一个百分点,新增投资需求约6.6万亿元。新公路、新商店、新厂房等公共服务和基础设施的建设,将是中小企业投资和发展的巨大市场。

2. 引发消费需求,为中小企业培育高消费群体

城镇化在培育消费需求,使农民变为市民,其消费能力会有所提高,进而为中小企业创造了巨大的消费市场。首先,城镇化能促进农民收入的增长,提高城镇居民的消费水平。改革开放以来,伴随着城镇化和非农化,农民总收入显著提高,工资性收入占总收入的比重也从1990年的20%上升到2008年的接近40%。[2] 其次,城镇化有利于将农民消费变为市民消费,其对住房与耐用消费品等需求会增加,从而引发消费结构升级。最后,城镇化会显著改善居民的消费环境,改变传统的消费方式和消费习惯。

3. 成为新的要素聚集地,为中小企业提供良好发展环境

首先,中小企业生产经营活动的交易成本会随着城镇基础设施的完善日益降低,各种生产要素流动速度的加快会明显提升中小企业的经营效率,提高中小企业有限资金的周转率,为中小企业的发展创造良好的外部环境。其次,城镇化会吸引大量人才向城镇聚集,这恰好满足中小企业普遍面临人才不足的困境,为中小企业健康发展提供充足的内部动力。最后,城镇化水平高的地区金融服务越完善,由于资本本身具有流动性偏好,与农村地区相比,中小企业在城镇地区可以更容易找到资本,满足自身的经营需要,从而为中小企业的快速成长提供强有力

[1] 李克强在省部级领导干部推进城镇化建设研讨班学员座谈会上的讲话,2012年9月19日。
[2] 辜胜阻、李华、武竞:《放宽户籍限制是城镇化制度的重大突破》,《中国经济时报》2009年12月10日。

的金融支持。

（三）信息化是中小企业转型升级的重要手段

1. 中小企业信息化基础较好但仍待提高

根据中国互联网络信息中心的统计，截止 2012 年 12 月底，中小企业使用计算机办公的比例为 91.3%，使用互联网办公的比例为 78.5%，固定宽带接入率为 71%。总体来看，中小企业计算机及宽带网络应用普及率都在 70% 以上，已经达到相对较高水平，这说明中小企业已经具备了较好的信息化基础。但是，与发达国家相比，我国中小企业信息化基础仍显落后，根据 OECD 经合组织 2012 年的数据显示，发达国家 50 人以下规模的小微企业中，互联网普及率基本在 95% 以上，宽带在互联网中的平均普及率基本在 90% 以上；50 人及以上规模的企业中，互联网普及率已接近 100%。因此，从国际标准来看，我国中小企业的信息化基础仍然薄弱，尤其在宽带互联网应用上，与发达国家的差距最为明显。

2. 中小企业电子商务应用发展迅速

互联网接入是中小企业信息化的基础，电子商务则是中小企业信息化应用的典型，当前，我国电子商务市场正在以惊人的速度快速发展，根据中国电子商务研究中心数据显示，截至 2012 年 12 月底，我国网络零售市场交易规模达已 13205 亿元，并且正以年均 64.7% 的速度快速增长。但从规模看，其占社会消费品零售总额比例目前仍较低，仅为 6.3%，这也在另一方面反映出电子商务将在未来很长一段时期内一直具有高速增长的潜力，这会为中小企业利用电子商务带来巨大的发展契机。

虽然我国电子商务市场发展迅速，但根据 2013 年 1 月《中国互联网络发展状况统计报告》的数据显示，目前中小企业的电子商务应用水平仍然偏低，仅有 25.3% 的中小企业开展在线销售，26.5% 的中小企业开展在线采购，与发达国家相比仍有较大差距，相比"十二五"中小企业成长规划中提出的中小企业利用电子商务开展采购、销售等业务的比例在"十二五"期间要达到 40% 的规划目标，目前中小企业电子商务发展仍不充分。

3. 云计算成为中小企业信息化新途径

目前中小企业已意识到信息化的作用，宽带网络的使用率已达 70% 以上，但由于人才、技术、资金短缺等问题，中小企业信息化建设的实际效果并不显著。

云计算服务以其本身的技术及服务模式优势，正在成为中小企业信息化的重要新途径。2012 年 7 月，微软声明在过去一年，中小企业已经成为微软云计算服务的主要客户，如微软 Office 365 的 80％客户都是中小企业；微软的研究报告也表明，39％的中小企业希望在 2012—2014 年内购买一项以上的云服务，可见，云计算正在被越来越多的中小企业所接受。

云计算服务与传统信息化模式相比，具有多方面的优势：一是云计算能够为中小企业节省大量基础设施投资，解决了中小企业信息化投入不足的问题；二是云计算能让中小企业享受到丰富的先进大型系统平台及重要信息资源，解决了中小企业技术及信息不足的问题；三是云计算能为中小企业提供多样的软件服务，能够有效地克服中小企业在开展信息化过程中面临人才约束问题。因此，云计算对中小企业的信息化建设将具有重要的意义。

4. 中小企业信息化应用出现新模式

网络融资是中小企业利用信息化途径解决融资难问题的新探索。网络融资是建立在网络在线平台中介服务基础上的借贷活动，是一种信息化的新型融资方式。网络融资既不同于商业银行间接融资，也不同于资本市场直接融资，与传统融资方式相比，网络融资具有如下明显优势：一是通过"信用贷款"解决贷款抵押问题；二是通过"网络联保机制"解决担保问题；三是通过"信用档案"解决信息不对称问题；四是通过"网络效应"解决道德风险问题；五是通过"突破时空限制"解决贷款周期问题；六是通过"拓宽融资渠道"丰富了中小企业的融资体系。网络融资最典型的代表就是阿里金融，截至 2012 年底，阿里金融已累计借贷的小微企业数超过 20 万户，这些企业全年平均占用资金时长为 123 天，实际付出的年化利率成本为 6.7％，并且阿里小贷不良率仅为 0.96％，低于大型商业银行 1.0％的不良率。

（四）中小企业是促进农业现代化发展的主力军

传统农业向现代化农业转变的过程即为农业现代化，在这一过程中，现代工业的生产方式、科学技术以及现代管理方法不断提高农业的现代化水平，使农业的生产率水平不断获得新的提高，中小企业在农业现代化过程中将充当主力军的角色。

1. 农村中小企业是加快城乡一体化、发展现代农业的重要支撑

农村中小企业的发展加快促进农业规模化经营，促进农业产业结构调整和农业现代化的进程。农村中小企业的经营在城乡不断转换过程能够促进现代管理理念、先进工业技术以及专业人才向农村地区渗透，形成以农村、农业和农民为基础，以城市市场为导向，以产业龙头企业和农村经营合作社为依托的现代农业产业系统。大大加快农村经济和小城镇经济发展速度，实现城乡工业"两翼"齐飞，成为"工业反哺农业、城市反哺农村"的重要载体，有力地推动了城乡一体化进程。

2. 农村中小企业是转移农村劳动力、提高劳动者素质的主要渠道

农村中小企业是吸纳、转移农村剩余劳动力最直接、最有效的主渠道，农村中小企业以农业为基础，服务于农民，也是提高农民专业素质的重要力量。实践证明，发展农村中小企业不仅能较好地促进农村劳动力就地转移，极大地提升了农村劳动力的整体素质，为提高农村生产效率和提升农业生产力水平奠定了重要基础。同时，农村中小企业也是提高农民收入的主要途径。农民工资性收入占其收入的比重达到 56% 以上，乡镇企业已经成为农民收入倍增的重要支点。

3. 农村中小企业是促进产业转型升级、发展农村经济的助推器

农村中小企业有助于农村劳动力资源极大地开发和利用，引导农村劳动力从第一产业逐步向第二、第三产业升级，不仅有效地缓解了农村劳动力的就业压力，也较大幅度地提高了劳动力收入，改善了农民生活质量。农村中小企业不断向城镇集聚的过程也是农民加速集聚的过程，这直接促进了农业领域现代服务业的繁荣，成为小城镇的重要产业基础，更是农业实现资源集约化、经营现代化的重要保障。

二、中小企业公共服务平台网络

中小企业公共服务平台网络是建立和完善中小企业服务体系的重要抓手和载体，是新的历史时期促进中小企业发展、特别是缓解当前小微企业困境的重要举措。

中小企业公共服务平台网络建设是"十二五"期间推进中小企业服务体系建设的重要工作。从 2009 年起，我国中小企业服务体系建设重点逐渐向完善中小企业公共服务平台聚焦。建立和发挥中小企业公共服务的主导作用，培育示范平

台，提高平台的辐射带动作用等，成为继服务体系框架搭建完成之后，深化推进中小企业服务体系建设的核心任务。2011年开始，在中央财政资金支持下，10个省市启动了中小企业公共服务平台网络项目建设。2012年工信部批准了第二批15个省（区、市）的平台网络建设总体方案。然而，当前各地区中小企业公共服务平台网络建设相对独立，亟需着力推动各省（区、市）中小企业公共服务平台网络互联互通，促使中小企业服务资源在更大平台上实现资源共享。

发达国家的成功实践经验表明，由于创新尤其是技术创新对于中小企业成长发展的重要性，各国及其地方政府都把设立面向中小企业可持续发展的公共服务平台作为有效启动企业创新活动、增强企业自主创新能力、促进产业升级和区域经济发展的重要路径。例如，意大利的"真实服务中心"，德国的"弗朗霍夫应用研究促进协会"，日本的"中小企业综合事业团"，等等。当前，我国政府也正在加快建设中小企业公共服务平台，努力为中小企业提供支持和各类配套服务。

（一）主要特征

1. 基本概念

中小企业公共服务平台网络是一个集聚公共服务资源的平台，是一个互联互通、服务协同的服务平台，其中既包括政府部门的资源、公益性服务机构的资源，也包括专业性服务机构的资源。中小企业公共服务平台网络建设不局限于网站建设，平台网络建设是要把各种中小企业服务资源积聚起来，建成一个省平台和窗口平台互联互通的服务网，为中小企业提供全面共享的优质服务。

2. 发展目标

2011年9月，工业和信息化部发布了《"十二五"中小企业成长规划》，明确提出到"十二五"末，80%以上的省（自治区、直辖市、计划单列市）基本形成信息畅通、功能完善、服务协同、资源共享、供需对接便捷的中小企业公共服务平台网络。到2015年，要形成以中小企业服务机构为核心，以行业协会（商会）和专业服务机构等为依托，各层级服务机构纵向贯通、各类服务机构横向协同、各类服务资源开放共享的中小企业服务体系。

"十二五"期间，中小企业公共服务平台网络建设总体目标是，以省级公共服务平台为枢纽，以主要城市和重点产业集群公共服务平台为"窗口"，通过互联互通、资源共享、功能互补、服务协同，形成信息畅通，供需对接便捷，具有较强社会影响力的平台网络。

3. 运行要求

各省级中小企业主管部门负责服务平台网络建设，各级中小企业主管部门通过业务指导、政策引导、资源统筹、任务委托、规范管理和运营监督，推动服务平台网络高效运转与服务协同。服务平台网络要有统一的服务规范，实行服务标准、服务流程、服务功能、服务收费和服务办理时限"五公开"，建立健全服务质量、服务客户回访、服务评价等管理制度，培育服务品牌。各服务平台通过有效运用共享资源，完善服务功能，提供有市场需求的优质服务，实现自身可持续发展。

省级服务平台负责服务平台网络系统建设与运营维护，提出"窗口"服务平台资源组织与互联互通的技术要求；通过协议联合、招标、提供服务项目机会等形式，组织带动优质服务资源和优质服务项目，实现资源共享与功能互补；通过技术指导和培训服务，对经核定达到技术要求并签订联合服务协议的"窗口"服务平台，实施互联互通。"窗口"服务平台负责收集服务需求，组织开展直接服务；提供及时、规范、标准化的咨询服务。

（二）服务领域

中小企业服务平台体系建设的基本框架是：构建信息服务、投融资服务、创业服务、人才培训服务、技术创新和质量服务、管理咨询服务、市场开拓服务、政策法律服务等八个平台服务子体系，每个子体系都有若干核心服务机构支撑。由核心服务机构发起，联合社会中介机构组建服务联盟，形成服务网络。

1. 信息服务平台

信息服务平台主要负责在网上发布与中小企业密切相关的政策法规和行业发展动态，为中小企业提供市场信息，建立并完善中小企业技术成果转让库、人才库等各类信息库。同时，与专业市场功能改造相结合，为中小企业提供技术、项目信息，以及为企业提供产品交易的平台，在政府、企业和服务机构间搭建一个信息有效沟通的桥梁。

2. 投融资服务平台

投融资服务平台主要负责帮助中小企业解决融资难题。发展融资信用担保、会计、律师等中介机构，为有条件的企业提供融资咨询和辅导服务，帮助中小企业提高融资能力。包括完善中小企业信用担保体系，引导社会资本进入，构建政策性担保机构、商业性担保机构、互助性担保机构和再担保机构互为补充的中小企业担保体系等内容。

3. 创业服务平台

创业服务平台通过组建创业培训师资和咨询队伍，为创业企业提供大规模、分层次的培训，旨在提升创业人员的整体素质。尤其为初创期企业提供策划咨询、手续代理、税务、运输、就业、社保等方面的政策咨询和服务。同时不断丰富创业项目库，为创业者储备良好的创业项目。

4. 人才培训服务平台

人才培训服务平台通过整合培训资源，充分利用大专院校、技工学校和专业培训机构的人力资源优势，通过基地的带动和辐射作用，构建中小企业培训网络。建立和完善在线培训课程库，结合中小企业工作实际，推广远程教育、网络教育等信息化培训手段，提高中小企业整体素质和核心竞争力。

5. 技术创新和质量服务平台

技术创新和质量服务平台以提高中小企业整体技术水平和自主创新能力为目标，主要为中小企业提供设备检测、研究开发和试制等服务，通过整合科研院所、大专院校等机构的研究资源，积极推动企业与研究机构合作，促进科技成果尽快转化为生产力，通过开展技术指导，帮助企业提高技术水平。

6. 管理咨询服务平台

管理咨询服务平台主要为中小企业提供组织设计、制度建设、财务分析、统计技术等方面的咨询服务，通过整合社会管理咨询机构的服务资源，为中小企业管理水平和管理效率的提升提供服务。

7. 市场开拓服务平台

市场开拓服务平台主要为企业提供参加展销会、产品交易会、供求洽谈会等商务活动的机会，旨在帮助企业扩大销售渠道，完善品牌推广，指导企业参加政府采购投标等活动。

8. 政策法律服务平台

政策法律服务平台主要为中小企业提供政策法律咨询和法律援助等服务。通过建立网上法律咨询平台以及咨询服务热线，广泛提升中小企业的法律意识和法律知识储备。

（三）平台建设主要模式

根据主体的不同，逐渐形成四种中小企业公共服务平台。每种类型的平台各具特点，呈现出相互补充、共同发展的态势。

1. 政府主导型

主要由政府支持兴建和运营维护，主要由财政资金投入，平台具有体现政府意图，与各级政府联系紧密，资金来源有保障，运行状况稳定，规模和实力较强，技术水准较高的特点。但是这类平台资金来源单一，主要依赖政府大量投资，同时管理体制不够灵活。其典型代表有工信部所属国家软件与集成电路公共服务平台（CSIP）和上海市政府成立的扶植国产自主软件的 CAE 技术公共服务平台等。

2. 产业园区主导型

主要依托产业园区，由园区管理机构倡导、建设和运营管理，主要为园区内相关中小企业服务，平台具有符合园区发展规划要求，贴近园区企业实际需求，便于企业得到服务，财政投资相对较低的特点，但平台服务对象一般局限性于本园区，并且各地方园区的平台建设水平参差不齐。其典型代表有苏州软件园公共技术服务平台、苏州集成电路产业园技术服务平台等。

3. 共建共享型

由政府部门、中介服务机构和企业等多方共同发起组建、运营、维护的平台，具有公益性、实用性较强，共建各方联系紧密、资源共享、优势互补的特点，但是平台往往需要较大投入，运营维护成本高，管理能力要求高。其典型代表有长沙国家生物产业基地实验动物公共服务平台、南京软件公共技术服务平台等。

4. 企业自建型

由企业根据市场需求而自筹资金、自发建设的平台，平台具有市场嗅觉敏锐，运作效率较高的特点，但是平台的服务性和共享性、公正性不足，也受限于创建企业自身的规模和实力。其典型代表有微软中国技术中心和长沙国家生物产业基地内的生物合成和天然产物药物工程研究中心等。

三、政府引导基金促进中小企业发展

政府引导基金在国际上被称为"母基金"或"基金的基金（Fund of Funds-FOF）"，是指由政府出资，并吸引有关政府、金融、投资机构和社会（海外）资本，以股东或债权等方式投资于创业风险投资机构或新设创业风险投资基金（"子基金"），以支持创业型或新兴产业中小企业发展的专项资金。政府引导基金作为一种政策性"基金的基金"，具有一般商业性"基金的基金"的共同特点，即都是以"母基金"的身份投资于其他多个子基金，不直接投资于创业项目；但又因其特殊的政府背景，与商业性"母基金"又有明显的区别，即政府引导基金更看重的是其带动相关社会资本进入特定风险投资领域促进中小企业发展的社会资本规模，而不以获得高额投资回报为目标。

（一）通过杠杆效应扩大中小企业创业资本规模

制约我国中小企业发展的最大瓶颈是资本供给不足，政府引导基金通过政府信用，吸引民间资本、国外资本进入创业投资领域，通过杠杆效应显著地扩大创业资本供给的规模，扩大创业资本的融资渠道，这是解决中小企业融资难问题的有效途径。由于创业资本存在让利于社会资本的机制，能够降低社会资本的风险，因此可以吸引保险资金等机构投资者进入创业投资领域，这有助于改善我国现阶段创业投资产业不发达的现状，有利于支持立足本土的创业资本基金和管理团队的形成。

（二）解决中小企业创业投资领域的市场失灵

由于政府引导基金具有明显的政策导向性，即扶持极具创新能力的中小企业，因此引导基金并不像传统创业投资机构及海外基金更倾向于投资中后期项目，而对处于种子期和初创期的企业给予同样的重视，尤其对于符合政府产业发展规划的创业企业，会得到政府引导基金更多的青睐。政府引导基金的投入可以培养一批极具创新能力、市场前景好的初创期企业快速成长，为商业化创业投资机构培养更多的潜在投资对象，最终实现构建符合政府目标的创业投资机构和商业化的创业投资机构共同发展，建立起政府资金和商业资金相互促进、相互依赖的创业投资体系。

（三）促进中小企业产业结构调整优化升级

政府引导基金投资的项目，一般或者有核心技术、或者有新的商业模式，是有一定特色的企业，这些企业一般有发展成细分市场龙头企业的潜力，如果投资成功，它就会使其所在的行业成为当地的优势产业，还会带动配套企业和产业链的其他相关企业一起发展。引导基金投资关注的重点基本都是具有核心竞争力的高新技术企业和附加值较高的企业，因此，政府引导基金可以加速一个区域产业结构的优化和升级。

（四）培育中小企业创业氛围，推动创业投资产业发展

政府引导基金进入创业投资领域，会极大地扩大创业投资产业的影响，对于培育创业氛围和文化，培养创业精神，都具有极大帮助。而且，政府引导基金以其特有的公信力，通过带动更多的国内外创投资本，能够快速推动本地创业投资及科技产业的发展。例如，以色列政府创业投资引导基金的模式是集合政府、民间资本和海外资本共同组成创业投资基金。这种多种资本相互融合的模式不仅增强了资本实力，而且有利于资源的优势互补，对于推动本土科技产业以及创业投资业的发展都起到了很大的作用。

从国际经验来看，政府引导基金的设立对于创业投资人才的培养具有极大的帮助。美国和以色列通过政府引导基金的设立培养了一大批创业投资人才，建设本土创业投资人才队伍是一国创业投资产业发展的重要步骤。例如，美国小企业投资公司（SBIC）计划为美国创业投资业的发展培养了众多优秀的本土创业投资家，推动了创业投资行业的快速发展，并通过示范效应使创业投资业成为一个具有吸引力的行业，不断吸引更多的创业投资人才。

四、中小企业成本持续攀升

当前，中小企业生产经营成本呈现持续攀升势头，不断挤压企业利润空间，导致部分地方和行业的中小企业亏损面扩大、亏损额上升，甚至出现了"四贵"（用工贵、原材料贵、利息率贵、汇率贵）、"四难"（融资难、招工难、用地难、物流难）和"四降"（销售、利润、出口、投资均增幅下降）接踵而至的严峻局面。

总的来看，中小企业成本持续攀升是内外因素交织、新老问题并存等多种原因共同作用的结果，主要包括：

（一）全球流动性过剩输入通胀压力

受全球性通货膨胀持续蔓延所累，加之我国应对国际金融危机推出刺激政策的滞后影响，近年来我国的通胀率维持在高位徘徊，从而导致企业生产经营成本持续上升。在后金融危机时代，欧债危机持续发酵，同时，美国经济复苏步伐缓慢，在金融衍生品全面崩盘之后，美国采取"政府干预"路线，以超量发行货币来刺激经济成长。美联储的宽松量化货币政策，导致全球性通胀压力空前加大，进而传导到国际大宗商品等生产要素市场，持续推高了企业生产经营成本。

（二）经济转型期推动企业成本上升

当前，我国经济发展已进入"中等收入阶段"。随着工业化、信息化、城镇化、市场化、国际化不断深入，经济基本面正在发生显著变化：人口结构和劳动力供求关系发生变化，劳动再配置效应减弱；全要素生产率增长明显减慢；经济结构趋于恶化，基础设施投资潜力下降；收入分配差距过大，消费潜力低迷；加入 WTO 的全球化红利逐渐消失，等等。

面临诸多新特点、新挑战，与中小企业成本攀升直接相关的因素有：一是劳动力要素成本趋于快速上升。伴随我国生育率下降、老龄化步伐加快、劳动力供给减速，"人口红利"因素对经济增长的贡献率将逐步减弱，劳动用工成本上升成为长期趋势。同时，随着劳动者素质的提高，劳动者维权意识增强，劳动纠纷增加。

二是资本效率的下降带来对资本需求量的扩大，进一步提升企业经营成本。根据安永公布的研究报告显示："从 2008 年起，政府开始通过扩大投资来弥补净出口额的下降，推出了价值 4 万亿人民币的一揽子计划，经济增长总量中约有 2/3 以上为资本积累的贡献"。如此大规模的投资带来的是资本效率的下降，这意味着，资本的扩大不仅导致投资回报递减，也增加了企业的资金成本。

三是国内正在进行能源价格改革，同时陆续取消大宗商品价格行政管制，这将促使大宗商品价格逐渐恢复到市场真实价格水平。以能源价格为例，随着国内国际价格联动机制不断推广完善，势必会推动天然气等能源价格的上涨，势必会对制造业、交通运输业等领域中小企业的生产经营成本构成极大的上升压力。

四是转型期产生的一些结构性矛盾和体制性问题增加了企业经营成本。例如，涨工资与招工难并存，中小企业"融资难、担保难"与银行"放贷难"并存以及中小企业投资领域的多重壁垒，包括政策性、经济性和技术性壁垒以及传统产业和新兴产业进入壁垒等，这些问题都在一定程度上间接导致了中小企业生产经营成本上升。

（三）资源环境约束变硬加大企业成本

我国大量中小企业属于劳动密集型传统产业，习惯于依赖低成本的劳动力和原材料因素，从事分包、代工生产和为大企业提供配套的服务，一直以来采用"三低型"（低档产品、低端产业链、低技术产业）竞争战略、"东部为重"的区域经济布局策略以及以外贸出口加工为主的单一国际化经营模式，这种传统的粗放、外延、低端的增长模式从根本上限制了中小企业规避、抵抗和消化生产经营成本上升的能力，直接导致中小企业"不可持续、不平衡、不协调、不稳定"的发展现状。

（四）政策落实不足间接影响企业成本

国内许多地方与部门对中小企业地位和作用的认识不足，实际上存在规模歧视和所有制歧视，资源投入与政策倾斜偏好于大项目与大集团，更加重视国有企业和外资企业。由于中小企业优惠政策涉及部门多，牵涉面广，协调难度大，部门间的协调配合机制不够有效。特别是已出台的中小企业扶持政策往往缺乏配套实施细则，政策落实中的"玻璃门"、"弹簧门"等现象依然存在，企业普遍反映"政策虽好，落实太难"，大量符合规定的中小企业由于人为因素被排除在外。使得企业所能享受到的政策实效大打折扣，政策资源的有效配置效率则因此降低。

展望篇

第十三章 2014年国内外经济环境展望

一、世界经济形势仍错综复杂，复苏缓慢

从2008年9月以来，国际金融危机爆发已过去五年多。目前世界经济形势仍错综复杂，发达经济体刚出现一些好转迹象，新兴经济体又面临较大下行压力。

美国经济向好。2013年8月，美国商务部的数据显示，美国第二季度国内生产总值（GDP）增长2.5%，增幅是第一季的两倍多，主要得益于第二季出口以逾两年来最快速度增长。美国第二季度经济增速快于预估水平，意味着经济加速增长的势头或将延续至下半年。第二季度企业利润较第一季度增长了2.6%，表明企业应该有条件在未来几个月增添雇员并增加投资。第二季度政府支出下降0.9%，仍是经济增长所面临的最大拖累。2013年9月9日，全美商业经济协会（NABE）发布9月份美国经济形势展望指出，美国经济将加速扩张，预计通胀调整后GDP增速将在2013年三季度和2014年前三季度分别达2.3%和3.0%，2013年四季度GDP将同比增长1.9%。

欧盟失业率仍居高位，但消费者信心回升。2013年8月30日，欧盟统计局公布的数据显示，欧元区7月份失业率为12.1%，与6月份持平，仍处于纪录高位。当月欧盟国家整体失业率为11.0%。数据显示，欧元区7月份失业率居纪录高位12.1%，符合市场预期，7月份欧元区失业人数环比减少1.5万人，但不足以拉低失业率；失业人数同比增长100.8万人。7月欧盟失业人数共计2665.4万人，环比降低3.3万人，同比增长99.5万人。欧元区成员国中，失业率最高的是希腊，该国5月份失业率高达27.6%。其次为西班牙，7月份失业率为26.3%。欧洲年轻人失业率问题仍然严峻。7月份欧盟年龄在25岁以下的年轻人失业人数为556万人，年轻人失业率高达23.4%；欧元区年轻人失业人口达350万人，失业率高

达 24.0%。其中，5 月份希腊年轻人失业率高达 62.9%，为欧盟成员国最高；紧随其后是西班牙，该国 7 月份年轻人失业率为 56.1%。

不过，欧盟委员会发布的报告显示，消费者对欧洲经济的信心持续回升。2013 年 8 月份，欧元区经济景气指数连续第四个月上升，升至 2012 年 4 月以来最高点 95.2，高于预期的 93.5。欧盟 8 月份经济景气指数环比上升 3.1 点至 98.1 点，创两年来新高。欧盟委员会指出，欧元区和欧盟经济信心持续上升的主要原因是，"工业、服务业与零售业三大行业消费者和管理者信心明显改善"。

大部分新兴经济体继续保持较快增长，但面临的内外部不确定性增大。汇丰银行发布 2013 年 8 月份汇丰新兴市场指数（EMI，由 16 个新兴经济体的 PMI 加权所得）为 50.7，为 3 月份以来首次上升。其中七月份指数 49.5，是自 2009 年 4 月份以来首次跌破 50.0，反映全球新兴经济体发展并不顺畅。发达经济体持续的宽松货币政策对一些新兴市场国家的跨境资本流动已经形成压力，将增大这些国家制定宏观政策的难度，中长期内带来输入型通胀压力的几率也不容忽视。

二、中国经济增速放缓，经济结构加快调整

中国正处在转型升级的关键阶段，当前经济发展的基本面是好的，经济运行总体是平稳的。受多重因素影响，中国经济增长速度有所放缓。2013 年一季度，中国经济增速从 2012 年四季度的 7.9% 下滑到 7.7%，二季度又下行至 7.5%，消费、投资以及外贸增速呈下行态势，中央财政收入出现多年来少有的负增长。面对经济下行压力，中共中央、国务院坚持稳中求进的工作总基调，采取了一系列创新性的政策措施，统筹稳增长、调结构、促改革，保证了经济平稳运行。政府以转变政府职能为核心，大力推进行政管理体制改革。2013 年以来已取消和下放了 200 多项行政审批事项，通过简政放权，为各类企业营造公平竞争的环境，激发市场主体创造活力。扩大了"营改增"试点范围，积极推动利率市场化进程、铁路等基础设施投融资体制、资源性产品价格、政府购买公共服务等领域改革。保持宏观经济政策稳定，调整财政支出结构，加大对中西部地区、结构调整、保障民生的支持，对小微企业实行税收优惠。从 2013 年 8 月 1 日起，对小微企业中月销售额不超过 2 万元的增值税小规模纳税人和营业税纳税人，暂免征收增值税和营业税，这将使符合条件的小微企业享受与个体工商户同样的税收政策，为超

过 600 万户小微企业带来实惠，直接关系几千万人的就业和收入。

这些举措，使中国经济运行呈现企稳向好势头。从 2013 年 7、8 月份情况看，制造业经理人采购指数（PMI）、工业生产者出厂价格指数（PPI）、工业增加值、进出口、用电量、货运量等主要指标普遍回升，实体经济活跃，城镇就业继续扩大，物价总水平保持稳定，市场信心增强，社会预期向好。这种稳中有进的发展态势为中小企业健康发展创造了良好的外部环境。

三、技术创新与商业模式创新融合，带给中小企业新的发展机遇

创新是人类社会进步的动力，创新永不止步，涉及中小企业的创新既有技术和产品领域的，如 3D 打印、云计算、物联网、移动互联网的蓬勃发展，有利于降低中小企业运营成本，拓展市场机会；也有商业模式、管理模式方面的。总体来看，互联网的发展与金融业务模式创新的融合是目前对中小企业影响面最广的创新之一。中小企业融资难是世界性难题，由来已久，解决这一问题不能局限在传统模式，只能依靠不断的创新。2012 年 4 月，美国通过 JOBS（Jumpstart Our Business Act）法案，从法律上明确规定"中小企业可以通过众筹融资（crowdfunding，即通过互联网——using the Internet 为投资项目募集股本金，替代传统的证券发行业务）方式获得股权融资"。据美国研究机构 Massolution 统计：2012 年北美"众筹融资"总额比 2011 年增长 105%，已达到 16 亿美元。受股权"众筹融资"在美国合法化的影响，世界各地"众筹融资"增长迅速：欧洲增长了 65%，达到 9.45 亿美金，2012 年全球约有 100 万个项目成功筹集到 27 亿美金。Massolution 预计，2013 年北美"众筹融资"规模将有望达到 37 亿美元。

在中国也有越来越多的中小企业从互联网金融的快速发展中获益。以阿里贷款为代表的主要服务小微企业的网络贷款模式正在形成对银行传统贷款模式的补充。根据阿里小微金融服务集团创新金融事业部发布的报告显示，2013 年一季度新增获贷企业超过 2.5 万家，单季完成贷款笔数超过 110 万笔，同比增幅超过 50%；新增的 120 亿元贷款，平均单笔贷款约 11000 元。截至一季度末，其累计服务小微企业已经超过 25 万家。此外，以"拍拍贷"为代表的 P2P 模式也为中小企业开辟了新的融资渠道。互联网金融借助大数据、移动互联网等新技术为资金供求双方提供了低成本的、高效的服务模式。

第十四章　2014年我国中小企业发展政策趋势展望

一、中小企业财政扶持力度将进一步加强

（一）2013年财政扶持取得显著效果

鉴于中小企业在国民经济中的重要地位，全国各级政府纷纷加大对中小企业的财政扶持力度，积极促进中小企业健康发展。2013年中央财政中用于中小企业的专项资金规模已经由2008年的49.9亿上升到150亿元，国家中小企业发展基金的设立工作正在有序推进。2013年科技部通过科技型中小企业技术创新基金共扶持科技型中小企业创新项目6425项，支持金额共计43.2亿元，效果显著。除此之外，2012年以来中央财政已拨付30余亿元专项资金用于中小企业的技术改造，重点针对中小企业的科研成果产业化、加大节能减排等，帮助中小企业解决转型升级过程中的重点、难点问题。

（二）2014年财政扶持政策展望

预计2014年，针对中小企业的财政扶持政策将会进一步延续，财政政策的支持力度、扶持范围有望进一步扩大。2014年工信部、财政部、发改委等国家主管部门一方面将重点监督检查2013年以来针对中小企业出台的各项财政扶持政策的落实情况，另一方面还会针对中小企业发展面临的新问题、新情况及时出台新的财政扶持措施，并组织地方各级主管部门积极落实。为此，预计中小企业各级主管部门有望进一步加大对中小企业的扶持资金投入，进一步扩大中小企业相关领域的扶持资金规模，解决中小企业在转型升级过程中面临的重难点问题，鼓励中小企业实现创新发展。

综合考虑各方面因素，2014年针对中小企业的财政扶持政策预计将围绕以下几个方面展开：

第一，充分利用财政政策的导向性功能，促进中小企业健康发展。在中小企业转型升级的关键环节加大财政资金的扶持力度，帮助中小企业实现技术升级，转变发展方式，进一步完善支持小微企业发展的长期性的财政扶持政策。

第二，加大专项资金的扶持力度。在现有中央财政设立的科技型中小企业技术创新基金、中小企业发展专项资金、中小企业国际市场开拓资金等专项财政基金的基础上，进一步扩大资金规模，在中小企业创新、技术升级和科技成果转化等转型升级的关键环节，加大财政政策的扶持力度。

第三，完善中小企业信用担保的财政政策体系。积极运用财政手段加大对服务中小企业担保机构的政策性扶持力度，引导担保机构加大对中小企业的担保支持，对担保机构为中小企业担保出现的损失给予财政补贴，通过采取业务奖励或者保费补贴等方式，引导担保机构扩大针对中小企业的融资担保业务规模，同时降低对中小企业担保的收费标准。

第四，落实政府采购政策，扩大中小企业的市场空间。通过在政府采购中为中小企业预留采购份额、给予评审优惠等措施，引导鼓励广大中小企业尤其是小微企业参与到政府采购中。

第五，促进就业政策的落实，鼓励吸纳就业。对中小企业吸纳新增就业给予社保费用财政补贴，对中小企业进行的职业培训也给予政策性补贴。

二、中小企业金融扶持政策细则将更加完善

（一）2013年金融扶持政策取得成效

2013年，中央明确加大对中小企业的金融支持力度。根据中国人民银行的统计，截至2013年6月末，全国主要金融机构、外资银行、小型农村金融机构人民币小微企业贷款余额已达12.25万亿元，占全部企业贷款的28.6%，同比增长12.7%，其增速与同期大、中型企业的贷款增速相比分别高2.3个和1.9个百分点。另一方面，通过对中小企业的税收减免、准备金税前提取、担保费用财政补贴以及资本金注入等措施，提高了信用担保机构和再担保机构为中小企业尤其是小微企业提供融资担保服务的积极性。2012年以来，中央财政已经安排14余

亿元专项资金用于对中小企业信用担保业务的财政支持，目前已对全国 560 余家中小企业信用担保机构的近 4500 亿元贷款担保给予财政扶持，直接受惠中小企业达 17 万户，其中小微企业 12 万户。根据银监会的统计，截至 2012 年末，全国融资担保行业共有 8590 家法人机构，同比增速 2.2%，年末在保余额共达 21704 亿元，全年实现增长 16.4%。其中，中小企业的融资性担保余额达 11445 亿元，同比增速达 15.3%。2013 年 8 月，中央出台《国务院办公厅关于金融支持小微企业发展的实施意见》（国办发〔2013〕87 号），进一步明确加大对小微企业进行金融扶持的方向以及具体措施，这为全面营造良好的小微企业金融发展环境打下了坚实的政策基础。

（二）2014年金融扶持政策展望

预计 2014 年中国人民银行、工业和信息化部、国家发展和改革委员会、科技部、财政部、国家税务总局、银监会、证监会、保监会等各主管部门将围绕 2013 年 8 月出台的《国务院办公厅关于金融支持小微企业发展的实施意见》（国办发〔2013〕87 号）陆续出台本部门具体针对小微企业发展的金融扶持配套政策，小微企业发展面临的金融环境有望在 2014 年得到全面改善。

综合考虑各方面因素，预计 2014 年金融扶持政策的着力点将重点体现在以下几个方面：

第一，扩大对中小企业的信贷规模。各级主管部门将积极推动银行等金融机构加大对中小企业的信贷支持，确保对中小企业的贷款增速不低于各项贷款平均水平、增量不低于上年同期水平；对金融机构开展的中小企业融资服务提高风险容忍度，实行差异化监管，引导金融机构加大中小企业贷款投放。

第二，加大对小微企业金融服务的政策性扶持。对金融机构开展的小微企业金融服务给予政策性扶持，在总体风险可控的前提下，引导各类金融机构重点针对小微企业开展工作，加强对符合条件的银行发行小微企业债券给予政策支持，完善针对担保机构的扶持政策，引导并鼓励担保机构加大对中小企业的支持力度，完善小微企业贷款的风险补偿机制。

第三，丰富小微企业的金融服务方式。在中小企业现有金融服务模式的基础上，积极探索新的中小企业金融服务模式，大力发展中小企业知识产权融资、订单质押、产业链融资、产业集群融资、股权质押，针对网络融资日益成为中小企业融资新模式的发展现状，建立相应的新的监管措施，保证网络融资等新的融资模式健康发展。

三、中小企业税费负担减免政策将持续推进

（一）2013年税收减负取得成效

2013年是对中小企业减免税费负担的重要一年，财政部、国家税务总局、工业和信息化部、国家发展和改革委会等中小企业相关主管部门积极出台针对中小企业的税费优惠政策。2013年8月，国务院常务会议决定对小微企业月销售额不超过2万元的增值税小规模纳税人和营业税纳税人暂免征收增值税和营业税，直接惠及全国600余万户小微企业，预计全年将为企业减税120余亿元。同时，在全国范围内扩大"营改增"试点范围，将现代服务业和交通运输业的"营改增"试点在全国范围内推开，并不断扩大试点的行业范围，预计全年有望为企业减免税收负担1200余亿元。另一方面，2013年中央进一步减低和减免涉企行政事业性收费，全面清理规范针对中小企业的收费行为，从2012年至2013年9月，累计免征或取消中小企业340余项涉企行政事业性收费，金额累计近300亿元。

（二）2014年结构性减免税费政策展望

预计2014年，为了落实国务院对各级政府部门转变政府职能的要求，财政部将会同工业和信息部、国家税务总局等部门进一步全面落实现有针对中小企业的各项减免税费措施，有望再清理、规范、取消一批不合规的涉企行政事业性收费，在涉及中小企业转型升级、技术研发成果转化等关键环节，进一步加大税收减免力度，切实降低中小企业的经营负担，优化中小企业尤其是小微企业发展的税收环境，促进中小企业健康发展。

综合考虑各方面因素，预计2014年减免税费政策的着力点将重点体现在以下几个方面：

第一，完善产业导向功能的税收政策。对于从事环境保护、节能减排以及农林牧渔等领域的中小企业有望给予更大程度的税收优惠；对于在国家重点扶持领域进行经营的中小企业，以及能够综合利用符合国家产业政策导向的产品进行生产活动的中小企业，其获得的税费减免力度将进一步加大。

第二，金融机构小微企业贷款业务相关税费有望获得减免。为了优化小微企业面临的金融环境，金融机构对小微企业进行贷款环节的相关税费将获得减免；对于专门从事"三农"领域小微企业贷款的金融机构，税收优惠政策执行期限有望进一步延长；金融机构对小微企业贷款损失准备金税前扣除的优惠政策将延长其有效期。

第三，优化中小企业融资性担保机构的税收环境。对于政策性中小企业信用担保机构、再担保机构从事小微企业担保贷款业务取得的收入，凡符合条件的都可以享受税收优惠政策，同时指导地方税收主管部门认真履行职责，全面优化担保机构发展的税收环境，为我国中小企业担保行业的快速发展打下良好的制度基础。

四、中小企业服务体系相关政策将日益完善

（一）2013年服务体系建设取得成效

中小企业数量占全国企业总数的 99% 以上，对于量大面广的中小企业，需要一套功能完善的中小企业服务体系才能够有效促进其健康发展，因此构建中小企业服务体系一直都是政府政策的重要组成部分。2012 年国务院出台了《关于进一步支持小型微型企业健康发展的意见》（国发〔2012〕14 号），明确提出："要大力推进服务体系建设，到 2015 年，支持建立和完善 4000 个为小型微型企业服务的公共服务平台，重点培育认定 500 个国家中小企业公共服务示范平台，发挥示范带动作用。实施中小企业公共服务平台网络建设工程，支持各省（区、市）统筹建设资源共享、服务协同的公共服务平台网络"，同时，中小企业相关主管部门又出台了 60 个国发 14 号文件的配套政策，32 个省（区、市）出台了实施意见。为落实中小企业服务体系相关政策，截至 2013 年 9 月，工信部实施的中小企业公共服务平台网络建设工程已经支持了 20 个省搭建互联互通、资源共享的中小企业公共服务平台网络，这成为中小企业获得便捷服务的重要渠道。其中，首批启动建设的 10 各省已经带动中小企业相关服务资源 1757 家，直接与中小企业开展对接服务活动 4.9 万余次，年服务中小企业家数已达 39 万余家。[1] 目前工信部分两批共认定了 307 家国家中小企业公共服务示范平台。

---

[1] 工信部总工程师朱宏任在中国中小企业高峰论坛上的致辞，2013年9月25日。

（二）2014年服务体系政策展望

预计2014年，随着中小企业的财政、税收、金融等优惠政策日益完善细化，中小企业服务体系相关政策将成为政府出台中小企业扶持政策的重点领域，政策的着力点将重点体现在如下几个方面：

第一，国家中小企业公共服务示范平台将享受更多的优惠政策。目前国家中小企业公共服务示范平台中只有技术类服务平台能够享受到较大力度的税收优惠政策，其他类型的示范平台在为中小企业提供服务中所能享受的优惠政策则极为有限，这种情况有望在2014年得到显著改善。

第二，云计算服务将成为服务体系建设的重要内容。随着云计算服务中小企业中获得越来越多的认可，以及云计算服务提供商提供云计算服务的能力日趋成熟，云计算服务有望成为服务体系相关优惠政策的重要着力点。

第三，中小企业公共服务平台网络建设标准将进一步细化完善。由于当前平台网络建设项目存在前期准备不够充分，方案分解和细化不够深入，运营管理制度跟不上等问题，统一平台网络的建设标准，规范提供服务的内容，明确平台在整合资源、实现互联互通上的制度安排将成为服务体系政策的重要内容。

五、中小企业专项资金政策落实方式将不断创新

2013年，科技型中小企业技术创新基金等中央财政关于中小企业方面的专项资金主要采取无偿资助、贷款贴息等方式。2014年，中央财政中小企业专项资金在规模继续保持快速扩大的同时，将不断探索新的资金支持方式，调整资金扶持重点，同时指导地方不同特色的中小企业产业发展资金创新财政资金的支持手段，提高财政资金的使用效率。

预计2014年，中小企业专项资金的支持方式将进一步探索创投引导基金的模式，通过引导和撬动社会资本流向中小企业领域，通过杠杆效应扩大中小企业的可用资本规模，重点将体现在如下几个方面：

第一，扩大科技型中小企业创业投资引导基金运作模式的运用范围，撬动更多创业投资资本向科技型中小企业进行投资。鉴于科技部设立的国家首只创业投资引导基金——科技型中小企业创业投资引导基金，2012年底第一批六家引导

基金阶段参股项目的资金退出工作都已顺利完成，标志着引导基金阶段参股的运作模式已经成功，因此 2014 年以该模式运作中小企业专项资金的比例有望进一步扩大。

第二，在战略性新兴产业领域通过新兴产业创投计划参股创投基金促进中小企业发展。新兴产业创投计划参股创投基金工作是由国家发改委会同财政部于 2009 年正式启动，截至 2012 年底，中央财政已参股了 102 支创投基金，财政资金运作效果良好，预计 2014 年战略新兴产业领域中小企业专项资金的使用以此方式运作的情况将越来越多。

第三，国家中小企业发展基金将以市场化的运作方式全面进入实施阶段。2013 年国家中小企业发展基金管理办法已经拟定完成，正待国务院审批。根据 2012 年出台的《国务院关于进一步支持小型微型企业健康发展的意见》（国发〔2012〕14 号）要求，国家中小企业发展基金（150 亿元）将采用市场化方式运作，预计 2014 年该基金将全面进入市场化运作的实施阶段，初创期的小微企业有望从中获益。

六、差异化的中小企业扶持政策将陆续出台

2013 年，工业和信息化部作为全国中小企业的主管部门已经明确表示"将重点培育一批创新型、创业型和劳动密集型小微企业，引导企业走"专精特新"发展道路。[1] 预计 2014 年在承接历年中小企业扶持政策的基础上，扶持政策将进一步深化和细化，更加聚焦于小微企业，并在现有中小企业普适性的扶持政策基础上，根据不同类型中小企业的不同特征，不断出台更具体更具差异化的扶持政策，政策的针对性和着力点更加具体有效。这不仅是量大面广的中小企业的客观需求，也是政府经济调控能力日益提高的具体表现。基于中小企业在国民经济中不可替代的重要作用，政府扶持政策越发倾向于扶持中小企业，随着相关政策的不断完善，"差别对待、分类扶持"将成为下一阶段中小企业扶持政策的显著特征。

因此，随着中小企业普适性优惠政策的不断完善，预计 2014 年更具针对性的差异化扶持政策将陆续出台。具体来看，中小企业可以根据自身不同的资本结

---

[1] 2013年5月9日工业和信息化部党组成员、总工程师朱宏任出席"2013厦门市中小企业服务博览会"的开幕式致辞。

构、发展阶段等特征分为创新型中小企业、创业型中小企业、劳动密集型中小企业等，而不同类型的中小企业的政策需求内容又并不一致。创新型中小企业最为需要的是鼓励研发，加速创新成果转化类的优惠政策，政策着力点应为鼓励创新、提升技术类的资金补助或信息服务；创业型中小企业需要的优惠政策更多侧重于优化创业环境、减少创业的制度阻力，加快创业审批，以及创业启动资金优惠等政策；劳动密集型中小企业需要的是降低劳动力成本、优化生存环境等优惠政策。

第十五章　2014年中小企业发展态势展望

一、对2014年中小企业发展形势的基本判断

当前，我国中小企业面临复杂多变的国际国内环境，既有困难挑战，更有发展机遇，但总体稳定向好的趋势没有改变。总体来看，2014年，中小企业发展总体上有利因素居多，发展形势将逐渐趋好。

从国际因素看，全球经济仍处于危机后的调整期，国际环境充满复杂性和不确定性，发达国家实行"再工业化"战略，重视高端制造业发展，同时对实体经济投入大量精力，造成我国中小企业外贸形势严峻，出口相对优势逐渐减弱。加上国内原材料、劳动力成本大幅提升，出口产品价格与周边成本低廉国家相比已无多大优势，中小企业，特别是劳动密集型中小企业面临着巨大的转型升级压力。

从国内看，随着原有竞争优势、增长动力逐渐削弱，国民经济运行处于寻求新的平衡过程中。危机以来，我国大力推进"两化融合"，提升中小企业信息化水平和技术水平，提高企业产品质量和经营效益，逐渐取得成效。总体来看，中小企业仍面临着诸多困难：一是内需外需不振、市场竞争加剧，企业订单不足问题依然突出；二是企业成本不断提高，盈利状况持续低迷；三是资金回笼周期延长，流动资金短缺，融资难制约企业发展；四是产业层次低、技术含量少，节能减排和转型升级压力空前加大。

为促进中小企业健康发展，为中小企业转型升级提供缓冲期，近年来，国家出台了一系列政策，在市场准入、财税支持、金融扶持、技术创新等方面加大了支持力度，扶持中小企业，减轻企业负担，帮助中小企业提升管理水平。2012年，中小企业发展专项资金规模达到141.7亿元。减少审批项目数百项，实施减、免

税政策真正降低企业税费负担。推进产业深度转移，使中小企业发展空间逐步拓展。引导中小企业转型升级，克服成本优势削弱带来的利润空间缩小压力，鼓励中小企业进入战略性新兴产业发展，鼓励中小企业提高自主创新能力，打造企业核心竞争力。因此，考虑到外部经济环境逐渐向好的转变以及国家政策对中小企业转型升级、增强企业核心竞争力的扶持力度不断加大，2014年，我国中小企业总体将呈现向好态势，企业数量将会继续增加，实现由亏转盈，步入稳步发展的轨道。

（一）国民经济总体运行平稳，中小企业发展环境尚好

2013年上半年，我国国民经济总体保持了较快的增长态势，国民经济发展总体平稳。全国规模以上工业增加值按可比价格计算同比增长9.3%。从经济类型看，国有及国有控股企业增加值同比增长5.2%，集体企业增长5.0%，股份制企业增长10.9%，外商及港澳台商投资企业增长7.4%。从轻重工业看，重工业增加值同比增长9.6%，轻工业增长8.4%。分行业看，41个工业大类行业增加值全部实现同比增长。固定资产投资(不含农户)181318亿元，同比名义增长20.1%(扣除价格因素实际增长20.1%)。社会消费品零售总额110764亿元，同比名义增长12.7%(扣除价格因素实际增长11.4%)。进出口总额19977亿美元，同比增长8.6%；出口10528亿美元，增长10.4%；进口9449亿美元，增长6.7%。因此，中小企业外部经济环境呈现出不断向好态势，将为中小企业经济复苏提供坚实基础。

（二）中小企业利润空间持续受到挤压，转型升级压力加大

当前，国际经济复苏进程缓慢，中小企业外贸压力较大，身处竞争激烈的轻工、纺织、机械、电子等传统行业，缺乏核心竞争力，主要依靠低成本、低价格竞争，市场压力空间加大。中小企业承受着产能严重过剩、经济增长放缓的市场倒逼压力，亟待加快转型升级步伐。

从需求状况看，市场收缩压缩中小企业增长空间。国家统计局数据显示，2013年7月份，全国工业生产者出厂价格同比下降2.3%，环比下降0.3%。工业生产者购进价格同比下降2.2%，环比下降0.4%。2013年1—7月平均，工业生产者出厂价格同比下降2.2%，工业生产者购进价格同比下降2.3%。这表明我国制造业正处在实质性产能过剩的阶段，需求不旺，市场收缩。从企业成本看，人

工成本上升制约中小企业发展。2013年，贵州、北京、浙江、河南、陕西、广东最低工资标准分别提高10.8%、11.1%、12.2%、14.8%、15%和19.2%。人工成本的上升与招工难现象并存，加剧了中小企业经营困难。与此同时，中小企业转型升级还面临着自主创新能力弱，技术实力差，技术人员缺乏，公共技术资源难以获得等压力，亟需政策扶持，给予适当的缓冲期，帮助企业稳步实现转型升级，摆脱经营困境。

（三）中小企业经济指标将逐渐触底回升

受经济危机影响，加之我国中小企业成本优势逐渐削弱，中小企业一度出现大面积亏损情形。2013年上半年我国经济运行基本保持平稳,但在外部市场收缩、内需增长缓慢、要素成本上升的背景下，中小企业发展面临的压力加大。在国家扶持政策和国民经济总量稳步提升的带动，中小企业发展趋势逐渐止住颓势，亏损情形逐渐减弱。

从整体环境看，我国企业发展环境处于逐渐向好趋势。根据国家统计局的数据，2013年8月，中国制造业采购经理指数（PMI）为51.0%，比上月上升0.7个百分点，连续11个月位于临界点以上。分企业规模看，大型企业PMI为51.8%，比上月上升1.0个百分点；中型企业PMI为49.6%，与上月持平；小型企业PMI为49.2%，比上月下降0.2个百分点。2013年8月，构成制造业PMI的5个分类指数普遍上升。生产指数为52.6%，比上月上升0.2个百分点；新订单指数为52.4%，比上月上升1.8个百分点。调查显示，反映制造业外贸情况的新出口订单指数为50.2%，比上月上升1.2个百分点，重返临界点以上；进口指数为50.0%，比上月上升1.6个百分点，位于临界点。2013年二季度企业景气指数为120.6，比一季度低5.0点，但仍明显高于100的景气临界值，企业运行仍处在景气区间。其中，反映企业当前景气状态的即期企业景气指数为117.0，比一季度低2.0点；反映企业未来景气预判的预期企业景气指数为123.0，比一季度低6.9点。二季度，企业家信心指数为117.0，比一季度低5.4点。

2013年1—7月份，全国规模以上工业企业实现利润总额30032.2亿元，比去年同期增长11.1%,增速与1—6月份持平。1—7月份，在规模以上工业企业中，国有及国有控股企业实现利润总额8331.9亿元，比去年同期增长5.5%；集体企业实现利润总额430.6亿元，比2012年同期增长0.3%；股份制企业实现利润总额 17491.2 亿元，比 2012 年同期增长 9.2%；私营企业实现利润总额 9439.3 亿元，比去年同期增长 15.4%。由数据可知，2013 年 1—7 月份，私营企业实现利润总额增长速度明显快于规模以上企业平均水平，也远高于国有控股企业增长速度。这表明，私营企业经济状况逐渐向好。同时，中国物流与采购联合会、国家统计局服务业调查中心发布的 2013 年 6 月份中国制造业采购经理指数（PMI）为 50.1%，较上月回落 0.7 个百分点。分企业类型看，大型企业 PMI 指数高于 50%，为 50.4%；中小型企业 PMI 指数低于 50%，分别为 49.8% 和 48.9%。中型和小型企业的指数都较上月下降了 1.6 个百分点，降幅收敛。预计在 2014 年，我国中小企业将逐渐实现由亏转盈，经济指标逐步恢复正常。

（四）新型城镇化建设将为中小企业提供发展空间

新型城镇化是当前乃至未来相当长一段时间我国经济发展的主要任务之一，是实现全面建成小康社会目标，实现我国现代化建设进程的大战略，是推动我国经济持续健康发展的重要动力。新型城镇化是与工业化、信息化和农业现代化相协调发展，通过服务业发展和科技进步推动产城融合，实现城镇带动的统筹城乡发展和农村文明延续的城镇化。所谓产城融合即将工业化与城镇化紧密结合，工业化发展是推动城镇化的主要动力和经济支撑，城镇化为工业化提供发展基础和空间。这就意味着，新型城镇化的发展离不开工业化进程的不断推进，也就与中小企业发展密切相关。城镇化率的提升将为中小企业发展提供广阔的空间，同时也为中小企业提供大批就业人员，缓解中小企业用工压力。

近十年来，中国城镇化进程明显加快，城镇化率每年大约提高 1 个百分点，并在 2011 年首次超过 50%。预计到 2020 年，中国城镇化率将超过 60%。城镇化率不断提升，意味着房地产业的蓬勃发展，带动数十个行业的发展，这就为中小企业提供了巨大的发展空间。同时，伴随着城镇化率的提高，居民生活水平的大幅改善，居民收入水平的提高，将为中小企业的产品提供庞大的需求，改善中小企业盈利状况，实现转亏为盈。

（五）政策环境不断改善，融资难得以缓解

尽管中小企业面临的压力较大，但国家扶持中小企业发展政策的密集出台，对促进中小企业健康发展将起到关键作用。近年来，为改善中小企业发展环境，

提升中小企业创新能力，我国出台了多项政策。如 2003 年出台的中小企业促进法，非公经济 36 条，民间投资 36 条等。特别是 2012 年出台的国发 14 号文，提出了 29 条政策措施，既考虑当前小微企业的困难，又注重引导企业自身的动力，还提出了支持企业长期平稳发展的长效机制。把缓解融资难和中小企业的环境，与中小企业的转型升级结合起来，使中小企业的融资环境得到进一步的改善。银监会提出"两个不低于"目标，即中小企业贷款总额不低于上年总额，中小企业贷款增速不低于上年增速。虽然实现了中小企业银行贷款份额不断提升，但总量仍无法满足广大中小企业的需求。

党的十八大报告指出，要改进小微企业金融服务，推动不同类型、不同规模的金融机构改革创新和规范发展。加快发展民营金融机构，鼓励社会资金参与中小金融机构的重组改造、稳步发展各种所有制金融企业。2013 年 7 月 1 日，国务院办公厅印发《关于金融支持经济结构调整和转型升级的指导意见》，提出要进一步优化主板、中小企业板、创业板市场制度安排等方面的各项制度，以及将中小企业股份转让系统试点扩大至全国等要求。在这些政策扶持下，中小企业资本市场融资得到长足发展，截至 2013 年 6 月，中小企业板共有上市公司 701 家，发行总股本 2700 亿股，总流通股本 1800 亿股，上市公司总市值达到 30392.55 亿元，流通总市值达到 19179.91 亿元。创业板共有上市公司 355 家，总发行股本 728.64 亿股，总流通股本 356.65 亿股，上市公司总市值 11117.68 亿元，流通总市值 5346.31 亿元。2013 年 5 月，"新三板"实有挂牌公司已达 212 家，总股本达 58.19 亿股。到 2013 年 7 月，新三板企业已增至 237 家。此外，各地纷纷打造"新四板"，即区域性股权交易市场，以成长型、潜力型企业为对象，准入门槛大大降低，更加便利中小企业上市融资。与此同时，民间金融"阳光化"趋势明显。在信贷配给约束下，主流的现代金融体系对部分中小企业和个人的融资要求过高，造成大量资金难以有效配置，而民间资金又难以进入主流金融体系。资金需求者因为资信水平等原因，难以满足贷款条件，转而寻求民间借贷。因此，正规金融体系的信贷配给约束促成了民间金融的产生和发展，也造就了民间金融与中小企业的共生局面。数据显示，截至 2013 年 3 月末，全国共有小额贷款公司 6555 家，贷款余额 6357 亿元。有关机构预计，2013 年全国小贷公司贷款余额将达 8289 亿元。

综上所述，随着国际经济逐渐复苏，国内经济触底回升，中小企业发展环境不断改善，政策扶持效果突显，预计2014年中小企业发展总体向好。但由于我国中小企业依靠传统规模扩张和低成本优势竞争的方式无法延续，利润空间屡遭挤压，中小企业面临着巨大的转型升级压力。因此，2014年，中小企业将在稳中有升的基础上，经历痛苦的转型过程，亟需更多的政策扶持保障企业生存和发展。

二、促进中小企业应对挑战的对策建议

（一）努力推进中小企业转型升级

2014年，中小企业将面临更为紧迫的转型升级压力，国际经济形势虽然整体向好，但对企业产品质量和技术含量要求越来越高，单纯依靠成本优势的发展模式无以为继，必须走自主创新、增强核心竞争力之路。因此，必须充分利用各类政策资源，引导和支持中小企业技术改造、技术创新和管理提升，促进中小企业提高劳动生产率，提高中小企业运用新一代信息技术优化生产工艺、管理流程的能力，加快产业转移，提高员工素质。引导中小企业持续加大研发投入，通过引进技术、消化再吸收、集成创新等方式提升自身技术水平，打造核心竞争力。引导中小企业加快调整产品结构，优化产品线配置，形成优势互补、要素需求互补、产品市场互补的产品格局，确保企业利润空间。鼓励中小企业培育自主品牌，培养自主知识产权，鼓励企业到国外设立分支机构，把握最新技术国际发展趋势，利用国际资源、国外市场增强企业自身经营活力，提升产品出口质量、档次和附加值，力争在国际市场拥有稳定的市场基础。

（二）完善扶持政策，缓解中小企业成本压力

针对当前小微型企业税费负担过重，用工成本大幅上升等问题，亟需完善扶持政策，抓好落实。继续减少行政审批，降低税费负担，扩大税收优惠政策的适用主体范围。清理不合理收费，切实减轻企业负担。完善企业社会保障扶持政策，降低企业用工负担。借鉴美国以社会保险费抵扣企业所得税政策，按当年缴纳的员工社会保险额中20%抵免企业所得税,并在未来三年内逐步提高抵免比例。对于产品有市场、发展有前景但暂时无盈利的中小企业比照上述抵免所得税政策给予相应财政补贴。同时,加大税费减免政策执行力度。落实国家出口退税政策,

协助劳动密集型中小企业准确及时退税，提高增值税和营业税起征点政策率。同时，引导中小企业有序从东部地区向中西部和东北地区转移，充分发挥中西部、东北地区土地、劳动力、原料、能源等比较优势，降低生产经营成本，提高产品市场竞争力。

（三）大力发展民间金融，切实缓解中小企业融资压力

将严厉打击非法融资与强化监管机制、规范民间金融发展结合起来，发挥政府导向作用，引导民间资本进入实体经济领域，促进中小企业健康快速发展。鼓励民间金融创新经营方式，赋予合法身份，纳入金融体系。便利各种基金会、私人钱庄、企业集资等民间金融形式取得合法形式，鼓励民间资本以股份合作等方式进入正规金融机构。鼓励民间资本成立地方中小金融机构，专门为中小企业融资服务。对农村信用社进行股份制、股份合作制改造，吸纳民间资本成立农村合作银行或农村商业银行，充分挖掘社会资本潜力，增强中小企业融资服务能力。建立个人和企业征信报告制度，充分挖掘和利用民间融资备案信息，完善个人和企业征信报告内容，为民间金融机构和银行体系提供完备数据材料。建立和完善民间金融行业自律协会，制定同业公约，加强行业管理，协调与监管机构、金融机构之间的关系。探索民间金融保险制度，采取适当方式建立政策性存款保险机构，对民间金融机构的自愿投保行为负责，对呆账、坏账给予一定比例的赔付，增强民间金融机构的相对竞争优势，提高金融资源配置效率，促进社会资本良性循环。改善中小企业金融环境，形成民间金融与中小企业共荣发展局面。完善中小企业金融扶持政策，创新金融产品和融资模式，强化配套服务，创造有利于中小企业转型成长的金融环境，促进企业发展实业，引导民间金融在支持实体经济发展的同时，实现自身快速发展壮大。

（四）健全中小企业资本市场融资渠道

在当前中小企业缺乏抵质押物、信贷渠道不畅、中小金融系统尚不完善的背景下，大力发展多层次的资本市场是拓宽中小企业融资渠道的必要途径。建立并完善中小企业专有的直接融资法律、法规体系，明确相关主体的权、责、利，明晰入市条件，严格监督和惩罚制度。坚持严进严出，择优选取上市企业，建立健全股份转让系统，完善退市制度。引导中小企业建立现代企业制度，完善财务管

理体制，将解决企业融资难问题和促进中小企业资本市场健康发展结合起来。将"新四板"作为满足本地区中小企业直接融资需求的主要工具，稳步发展，逐步完善相关制度，提高市场容量。利用"新四板"选取本区域内有潜力、有技术、自主创新能力强的优质企业，帮助企业实现区域内挂牌融资，增强企业实力。扩大"新四板"试点地区范围，探索区域间股权交易互融互通机制，形成风险互补、相辅相成的"新四板"发展格局。促进主板、中小企业板、创业板、"新三板"和"新四板"等各层次资本市场各司其职、良性互动、协调发展。按准入门槛高低，中小企业资本市场从主板以下呈金字塔结构，主板作为塔尖供全国的优质企业上市融资，中小板、创业板作为中间层为主板输送后备企业，"新三板"和"新四板"作为基层市场应满足最大多数企业融资需求，为中小板、创业板培育优质企资源。要完善转板和退市制度，既为优质企业提供绿色通道，又要杜绝不良企业的投机行为，形成可上可下、有机互动的中小企业资本市场体系。

（五）完善中小企业公共服务体系

以促进中小企业转变发展方式为重点，按照社会化、专业化、市场化发展方向，着力构建骨干服务队伍和公共服务平台，健全服务网络，优化资源配置，培育试点示范，提高服务的质量和有效性，为中小企业的持续健康发展提供强有力的支撑。不断加大投融资服务，创新融资服务产品，促进银保企合作。引导担保机构为小企业提供担保服务。帮助中小企业完善信用管理，提高融资能力。加快公共服务平台建设，为中小企业提供工业设计、研发、质量检验检测、仪器设备共享等服务。开展产学研对接活动，帮助中小企业解决共性技术难题，推动科研成果的产业化。帮助中小企业应用节能减排新技术、新工艺。引导中小企业运用先进管理方法，提高管理水平。推广先进的质量管理方法和产品标准，帮助中小企业提高产品质量，加快品牌建设。通过组织开展各类展览、展会活动，帮助中小企业寻求新的市场空间。帮助小企业运用电子商务技术，开拓国内外市场，完善营销网络。

后　记

　　《2013—2014 年中国中小企业发展蓝皮书》是在促进中小企业健康发展成为全社会共识的背景下，由中国电子信息产业发展研究院赛迪智库中小企业研究所编制完成。本书力图在客观描述中小企业相关问题的基础上进行深入分析和探讨，以期为读者提供一个中小企业发展领域的全景展示。

　　本书由张春生担任主编，赵卫东负责书稿的整体设计，并撰写第一章、第二章、第三章内容。牟淑慧负责撰写第四章、第十一章和第十三章内容。韩其峰负责撰写第九章、第十章内容。王成仁负责撰写第六章、第七章、第八章和第十五章内容。龙飞负责撰写第五章、第十二章、第十四章内容。牟淑慧、赵卫东、韩其峰等修改定稿。

　　在本书的撰写过程中，工业和信息化部中小企业司、中国社科院中小企业研究中心等单位给予了指导和协助，在此向各位领导和专家的帮助表示诚挚的谢意。

　　通过本书的研究，希望对中小企业相关政府主管部门制定决策提供参考，为中小企业领域的研究人员以及中小企业管理者提供相应的基础资料。